不找借口 找方法

培养无借口员工，打造高效率团队

BUZHAO JIEKOU
ZHAO FANGFA

周 乐⊙编著

广东旅游出版社
GUANGDONG TRAVEL & TOURISM PRESS
悦读书·悦旅行·悦享人生

图书在版编目（CIP）数据

不找借口找方法 / 周乐编著. — 广州：广东旅游出版社，2014.6
（2024.8重印）

ISBN 978-7-80766-852-7

Ⅰ.①不… Ⅱ.①周… Ⅲ.①工作方法－通俗读物 Ⅳ.①
B026-49

中国版本图书馆CIP数据核字（2014）第098644号

不找借口找方法
BU ZHAO JIE KOU ZHAO FANG FA

出 版 人 刘志松
责任编辑 李 丽
责任技编 冼志良
责任校对 李瑞苑

广东旅游出版社出版发行

地　　址 广东省广州市荔湾区沙面北街71号首、二层
邮　　编 510130
电　　话 020-87347732（总编室） 020-87348887（销售热线）
投稿邮箱 2026542779@qq.com
印　　刷 三河市腾飞印务有限公司
　　　　　　（地址：三河市黄土庄镇小石庄村）
开　　本 710毫米×1000毫米 1/16
印　　张 17
字　　数 260千
版　　次 2014年6月第1版
印　　次 2024年8月第2次印刷
定　　价 72.00元

在日常工作和生活中，我们总会碰到这样或者那样的困难和问题。很多时候，我们都懒得去寻找解决它们的方法，当别人问起来的时候，我们总会找一些借口为自己开脱。久而久之，我们就形成了一种习惯，习惯了逃避困难，习惯了把解决问题的希望寄托在别人身上。其实，我们是在自己欺骗自己，在我们一次次将问题和困难推给别人的时候，别人已经离成功又迈进了一步。

所以，我们需要改变。不能让借口再拖延我们前进的脚步，我们应该在解决问题和克服困难中朝我们的人生目标渐渐靠近。只有这样，我们才会磨炼出坚强的意志和解决问题的能力。那么，我们到底该如何做呢？

首先，我们应该给自己打一针强心剂，世界上没有解决不了的问题，没有克服不了的困难，只有找不到方法的人。面对问题和困难，我们应该有信心去扫除它们，不能对它们有一丝畏惧的心理。

其次，"欲做事先做人"。我们在找方法的时候应该遵守自己的原则和底线，不应该为了找到方法而不择手段，损害别人的利益。那样，我们就会适得其反，不仅得不到别人的赞许，反而会遭受别人的唾弃。

再次，我们应该掌握一些常用的解决问题的方法，用它们解决相应的问题，克服相应的困难，进而举一反三，提高自己的能力，找到适合自己的方法。

只为成功找方法，不为失败找借口，这是所有成功者都具备的做事

　　态度。只有抱着不找借口的态度，一切问题才能够得以解决。

　　本书就是从这些角度出发，教给读者如何找到解决问题和克服困难的方法，从而能够让自己朝着目标更进一步，尽早到达成功的彼岸！

第一章 想成功，不找借口找方法

遇到困难和问题的时候，聪明的人总是能够主动用方法去解决问题，因而容易获得成功。所以，成功的人善于用脑筋思考问题，用智慧解决问题，而不会像懒惰者那样用借口去逃避困难，用回避来掩盖失败。

只为成功找方法，不为失败找借口，这是所有成功者都具备的做事态度。只有抱着不找借口的态度，一切问题才能够得以解决。

第二章 找方法要守好自己的原则

做事先做人。先做人，是说做人要有自己的原则和底线。遵守了做人的原则，我们才能跟别人和谐相处，才能让自己左右逢源。

第三章　　"换地打井"——改变思路

穷则变，变则通，通则久。一个智慧的、变通的选择胜过千万次辛苦的打拼。一件事情失败了，大抵有三种可能：一是此路不通，你需要另外开辟一条路，重新选择一个方向；二是方向没有错误，但是前方有障碍，应该想办法解决，有时候绕开障碍比撬开障碍更加省时省力；三是前方的屏障或者迷雾遮住了我们的眼睛。成功就在前方，我们需要看清真正的目标，有时，"换地打井"比"锲而不舍"更明智。

第四章　　"合理统筹"——把事情分出轻重缓急

统筹规划，先主后次，则忙而有序；不分轻重，杂乱无章，则舍本逐末。

比尔·盖茨曾说：一个不懂得如何去经营时间的商人，

那他就会面临被淘汰出局的危险。而如果你管住了时间，那就意味着你管住了一切，管住了自己的未来。

第五章　　"对比联想"——开启智慧之门

创造性地解决问题，理想的方案也能变成现实。

哲学家康德说："每当理性缺乏可靠的论证思路时，类比这个方法往往指引我们前进。"

类比联想是进行创造活动的常用方法。它用最直接、最形象、最简便的方式给我们带来某种启发，让我们从对比和联想中发现灵感，激发潜能，拥有创意。

第六章 "从反面着手"——让你出奇制胜

逆向思维法可以让习惯性思维解决不了的问题迎刃而解。

我们在遇到困难时，如果正面的路子行不通，不妨试着反向前进，从相反的方面抵达正面的目标。我们还可以突破惯性思维，打破常规，悖于正常的逻辑思维和行为习惯，从反面入手，出奇制胜。

第七章 "迂回思考"——将问题化难为易

迂回思考，从联系的角度解决不便直接入手的问题。

思考问题不从正面入手，而是通过出人意料的侧面来思考和解决，也是我们常用的策略。

辩证法告诉我们，任何事情都不是孤立存在的，而是彼此联系、相互制约的。从侧向找联系、从侧向找价值、从侧向找突破点要比长驱直入、直面进攻更容易取胜。

第八章　保持适度，"加减法则"让矛盾处理有方

少一分则加，但不要画蛇添足；多一分则减，去粗取精，保持适度。

南怀瑾的《易经杂说》中提到，宇宙间的一切道理，都是一加一减，非常简单。这里的加减法则不但包括数量上的增减，还具有一定的抽象意义。比如，增进感情是一种"加"，保持距离是一种"减"；爱心要"加"，烦恼要"减"；好德行要"加"，坏习惯要"减"等等。加减法则具有普遍性，所以运用这种方法解决问题更简便，也更容易为人所接受。

第九章　"以退为进"——让你反败为胜

以弱胜强，退一步海阔天空；以柔克刚，温柔的力量胜于一切严苛的手段。

在我们遇到的困难中，有的难题可以凭借我们的力量征服，而有的难题却比我们的力量强大数倍。俗话说："好汉不吃眼前亏，软手不碰硬钉子。"面对比我们强大得多的困难，与其硬碰硬，不如先退一步再前进。正如一个优秀的拳击手，只有缩回来的拳头再出击时才会更有力。

第十章 "化繁为简"——为你解开难题

删繁就简，化难为易。用最简单的方法解决不简单的难题。

在我们尝尽了各种方法之后，最后却用一种意想不到的简单思维攻破了难题。看似最富有戏剧性的结果却蕴含着一个深刻的道理：简单的方法往往是最有效的。所以，在我们嘲笑自己的想法很幼稚的时候，为什么不严肃地用它来试一下呢？

那些绞尽脑汁而苦无良策的高智商者也可能会败给一个"头脑简单"的单纯之人。

第十一章 "举一反三"——让你拥有更多的答案

我们每个人的知识水平、经验和理解力不同，对问题的看法和理解也有所不同，这就需要我们善于将问题巧妙转换。将一个看似难理解的问题换一个表述方式，转换问题的焦点、性质等，转换为另一个容易理解和解决的问题，效果就会截然不同。

举一反三、深入浅出，不同的处境用不同的处理方法，根据不同的对象给出不同的答案。方法不止一种，答案也不是唯一。

第十二章 解决问题的"典型",这些发明你都知道吗

本章主要为读者介绍一些比较典型的运用思维解决问题的实例,运用一些比较典型的实例,来体现思维的重要性。

第一章
想成功，
不找借口找方法

　　遇到困难和问题的时候，聪明的人总是能够主动用方法去解决问题，因而容易获得成功。所以，成功的人善于用脑筋思考问题，用智慧解决问题，而不会像懒惰者那样用借口去逃避困难，用回避来掩盖失败。

　　只为成功找方法，不为失败找借口。这是所有成功者都具备的做事态度。只有抱着不找借口的态度，一切问题才能够得以解决。

少一点借口，多一点方法

有时，面对困难，我们常常退缩，理由是困难太大；面对竞争，我们常常逃避，理由是对手太强；面对责任，我们常常推卸，理由是担子太重……不错，人生给我们的挑战太多太多，而我们用以逃避的理由也同样太多太多。

工作不顺利时，我们常常会找种种借口，认为是领导故意刁难，把不可能完成的工作交给自己；认为自己最近健康状况欠佳，才导致效率不高……想偷懒，还把偷懒理由正当化，总认为期限还有三天，明天或后天再拼，今天不妨放松一下。

不要为你的放弃找借口，关键是你还没有坚强的意志力。不要总是抱怨你没有机会，没有人帮助你，没有人吹捧你，没有人拉你一把，没有人让你变得重要，没有人告诉你出路，如果你有潜力，真的称职，就会在找不到路的时候开创出一条路来。

找借口是执行力不够的表现。如果内心不想做某件事，就会以种种借口来应付。当我们用借口来应对一件本可以轻而易举完成的事时，那么成功就会被借口阻挡在门外或者被推迟了一步。

成功者做事从来不找借口。自己力所能及的事都会努力做到，如果遇到困难则会想尽一切办法克服。如果是力不从心的事，也不会去刻意勉强自己，而是直接表示无能为力。无论是能做到的事还是不能做到的事，他们都不会找借口作为挡箭牌。所以，成功的人善于遇到问题找方法。只有懒惰的人、不喜欢动脑筋和动手做事的人才会找各种借口和理由。

1. 不给自己找借口

罗杰是一位体育界的成功人士，曾获得奥林匹克运动会400米银牌和世界锦标赛400米接力赛的金牌。然而，他的出色和优秀并不仅仅是因为他获得了令人瞩目的成就。更让人敬佩的是，他所有的成绩都是在他患心脏病的情况下取得的，而他在每一次比赛时从来没有把患病当成自己的借口。

除了家人、医生和一些朋友，没有人知道他的病情，他也没向外界公布任何消息。当他第一次获得银牌之后，他对自己的表现并不是很满意。如果他如实地告诉人们他是在患病的状态下参赛的，即使他的运动生涯提前结束，也同样会获得人们的理解和体谅，可罗杰并没有这样做。他说："我不想小题大做地强调我的疾病。即使我失败了，也不想以此为借口。"

成功的人不见得有超人的能力，却有着超凡的心态。他们能够积极主动地创造机遇，而不是拿自己的客观因素作为借口，逃避困难，回避问题。如果我们经常给自己找借口，就不能完成任何事情，这对我们今后的职业生涯是极为不利的。

2. 少一个借口，多一分进取

美国职业篮球协会1994~1995赛季最佳新秀杰森·基德在谈到自己成功的历程时说："小时候，父母常常带我去打保龄球，我打得不好。每一次总是找借口解释由于这样或那样的原因才打不好，而不是诚心地去找没打好的原因。父亲就对我说：'小子，别再找借口了，这不是理由。你的保龄球打得不好是因为你不练习。如果不努力练习，以后你有再多的借口也仍打不好。'他的话使我清醒了。现在我一发现自己的缺点便努力改正，决不找借口搪塞，这才是对己有益的。"达拉斯小牛队每次练完球，人们总会看到有一个球员在球场内奔跑不辍一小时，一再练习投篮，那就是杰森·基德，因为他是一个不为自己寻找借口的人。

每一个成功者都是那些清楚地知道自己需要什么的人。他们懂得如何去寻找，而不是整天为自己找借口开脱。

🔑 对于责任：没有任何借口

没有任何借口是一种负责任的态度。在企业中，优秀的员工从来不找任何借口，他们会养成寻找方法而不惧怕困难的习惯，凡事力求做到最好。在优秀者看来，不存在困难这样的字眼。他们相信任何事情一定有其解决的方法，即使看似极其困难的事，只要用心寻找方法，就会攻克难关。

可见，不是有的事情难以做到，而是我们缺乏足够的责任心且不愿意寻找制胜的方法。

优秀的人在困难面前总能表现出创新的精神和活跃的思维，不会在还没努力之前就想好了应付的借口，他们会想方设法完成任务。条件不足可以创造条件，一种方法失败了，立即换一种方法继续尝试，直到解决问题。所以，优秀的员工在任何企业中都是备受欢迎的。因为能自动自发地解决问题和困难的人必定是个负责的人，不管把他们派往哪里，交付任何工作，他们都会克服一切困难，尽职尽责地做好它。

优秀的人只为成功找方法，不为失败找借口。在重大的责任面前，更是没有任何借口而言。

遇到事情是否喜欢寻找借口已成为企业衡量优秀员工的标准之一。优秀的员工凡事主动找方法解决困难，而平庸者总是极力用借口来掩饰自己，原谅自己，并以种种理由来换取别人的同情。所以，借口是造成两者是卓越还是平凡的原因。

真正的成功人士并不需要编造借口，对于自己的行为和能力目标，他们勇于担负起个人的职责。他们或许头脑并不是特别的聪明，也不具备超凡的能力，也并不比别人有着更高的待遇或便利的条件，他们只凭借凡事不找任何借口这一大优点就完全可以胜人一筹，获得支持，获得成功。

1. 执行没有借口

雷老板是个雷厉风行的人，做任何工作都尽最大的努力，从来不找借口。老员工们已经习惯了雷老板的作风，并不自觉地在工作中也从来不找借口，努力去完成每项工作。新员工刚开始会为没有完成工作而找借口，但是经过一段时间后，便与公司的其他员工一样，只讲努力，不找借口。

几年的时间内，雷老板所领导的公司在行业中崭露头角，市场占有率提高得很快。当同行的朋友们问到他们为什么业绩提高得这么快时，每个员工都会告诉他："执行没有借口。"

"执行没有借口"要成为团队在执行过程中的原则之一，要让团队中的每一个成员都将这句话牢记，并在每一次执行中去实践它。

2. 不为犯错误找借口

杰拉德是美国一家公司的财务人员。一天，他在做工资表时，给一个请病假的员工定了个全薪，忘了扣除请假那几天的工资。后来，杰拉德发现了这个错误，于是他找到这名员工，告诉他下个月要把多给的钱扣除。但是这名员工说自己手头正紧，请求分期扣除，这么做的话，杰拉德必须得请示老板。

杰拉德当然明白主动把这件事告诉老板，老板肯定会责怪他，但是杰拉德没有逃避责任，更没有为此编造借口或理由搪塞老板，他比任何人都明白这件事情是因为自己工作失误造成的，他要为这个错误负责，于是便决定到老板那儿承认错误。

当杰拉德走进老板的办公室，告诉老板自己犯的错误后，万万没有想到老板却帮他说话，很生气地指责这是人事部门的错误。但杰拉德再次强调这是他的错误，老板又大声指责这是会计部门的疏忽。当杰拉德再次认错时，老板站起来拍了拍杰拉德的肩膀，语重心长地说："嗯，不错，我坚持不说是你犯的错误，而指责别人，是为了看看你承认错误的决心到底有多大。好了，现在你去把这个问题按照你自己的想法解决掉吧。"事情就这样解决了。因为杰拉德勇于承认自己的错误，从此以后，老板更加器重杰拉德了。

我们都应该有承担错误的责任心，不能因为犯错会给自己带来负面影响而逃避应该承担的责任。总想为错误寻找开脱的借口，而不是积极地面对和改正错误，那将很难取得进步。如果你能以积极的心态，勇敢地承认错误，那么你会更快地获得成功。

执行前不想失败了找什么样的借口来给领导汇报，尽量将思维的重点放在如何能执行成功上。如果失败了，不要找借口，而要找真正的原因，是自己努力不够，还是客观条件准备不够充分等。如果每次执行都这样做，坚持一段时间，为执行找借口的习惯就会变成执行没有借口的习惯，而这也是一种负责任的态度。

难者不会，会者不难

在所有的借口中，有一些借口常常被人们所利用，以此来表现自己不愿意做看来很难办或难做的事情。通常人们会这么说"这个问题很难办，我无能为力""我以前没做过这个""这个不归我管""我不会做"等等。喜欢拿这些话作为借口的人，多是比较因循守旧的类型。这些人在工作上缺少自动自发的精神，不会主动解决问题和困难，更谈不上创新。借口会让这些人停止在以往的经验和思维惯性中，很难有所突破。

实际上，有的问题看上去很难办，有的事情看似复杂，可一旦着手解决起来，就会发现并不像人们形容得那样难。甚至在有些经验丰富的高手看来，这些难题还称不上是难题。只要用对方法，就很容易解决，这就是我们常说的"会者不难"。

在面对困难会找借口的人中，除了少数人经验不够或知识水平欠缺，使他们面对困难时果真很头疼外，大部分人并不是完全不会，而是不想做、不愿意想办法来解决困难。这些人在寻找借口时，常常用"不""不会""不知道""不想""不擅长"等否定词，以此表示自己"不会做"，不愿意想办法解决。如果不主动去探寻一些做事的最佳方法，那么你就会觉得很多事情很难做，也就是"难者不会"。

如果有人说"我没有足够的经验和能力来完成某项工作"，这种说法其实是在为自己找借口。这样的借口并不能获得别人的同情和谅解，反而会让人认为此人难以重用。

1. 给自己定个期限完成任务

某公司的销售员小范给自己每天的工作制订了计划，并严格按照计划去完成，在规定的期限内必须做完某件事才能下班。经理十分看好这名认真做事的销售员。小范也没有辜负经理对他的信任，出色地完成了每一项工作。

其实，小范在刚进公司时并没有什么工作经验，而且在同时进入公司的同事中也不算是能力最强的。经过一段时间的努力，小范的业绩上来了，他给自己规定每天必须拜访五个客户，从开始到现在从来没有哪一天拜访的客户少于五个。小范认为，每天的工作就是一个积累的过程。只有给自己限定期限，才不会滋生偷懒的情绪，也不会用各种借口为自己开脱。因为那样不但会耽误工作，自己的业绩也不可能提高得这么快。

很多人在工作中取得成绩并非因为他的天资多么聪颖，运气有多么好，只是在于他的自制力更强。能管住自己的人，对自己约束力较强的人，会在一定期限内完成任务甚至超额完成，而爱找借口的人即使有期限约束，也会在借口的掩饰下"违规"。

2. 把方法练熟，就能运筹帷幄，决胜千里

香港长江实业、和记黄埔董事长、《福布斯》杂志公布的世界富豪榜中一路靠前的亚洲首富李嘉诚，是一个会创造时间的人。他为了不耽误开会，不失约于人，对时间有十分严谨的态度。在创业初期，李嘉诚每天工作18个小时，后来每天也要工作12个小时左右。他处事果断、老练，决不拖泥带水，曾经以不足17个小时的时间谈妥了一笔价值29亿港元的交易。随即，他又致电汇丰银行，在两分钟之内就安排好了一笔1.9亿港元的货款。

李嘉诚常说的一句话就是："早上的事下午必须有决定或答复；假如下午发生的事非常繁复，则在24小时内一定答复。"

李嘉诚因为拥有这样的态度，而创立了一套有效利用时间的方法，使其工作有序，生活从容。

高效率的基础是熟能生巧。将技术方法运用得游刃有余，处事才能拥有一份洒脱和从容，在面对问题的时候才会镇定自若，信心百倍。

做事要及时，不要拖拉

"我会尽快去做的""最近我很忙""过几天再说吧，现在我手头有事"等等借口，最容易养成拖延的不良习惯。我们身边有很多这样的人，你把一件任务派给他并且要求立即就做时，对方却说"先放着吧，我现在不想做"或者"我现在不想做这个，先做别的吧，最后再做这个"。而实际上的结果却是，最初你不想做的事，到最后还是不想去做。

所以，不要把开始没做好的事指望以后做得更好。那些理由和借口只能让你越来越不想做，这样倒不如把每一件接到手的任务在最初阶段就做好、做完善，而不是日后集中修补。

优秀的员工是不需要在工作中找任何借口的。能力平平的人会以勤补拙，超额完成任务；技能不足的人会想方设法提高自己的技能水平，最大限度地发挥自身优势，来体现自己的工作价值。如果在时间上产生冲突了，为了更合理地利用时间办最多的事情，他们不会说"我真是太忙了""我没时间现在做"，而是尽量在最短的时间内完成他人所需，哪怕是占用了自己的一点点个人时间。所以，优秀的员工从来都不会把事情放到最后去做，也不会说"现在不想做"之类的理由。他们总是采取积极的行动，出色地完成交付给自己的工作，即使再忙也不会置任务于不顾。

1.别在起点上耽误

小王和小刘都是很有梦想并富有创造力的人，他们同时进了一家集团公司，分别在不同的分公司工作。然而一年后，进行工作总结时，两人却受到了不同的待遇。小刘因为成绩突出得到了表扬和奖励，小王却因为业绩平平受到了批评。

刚进公司时，小王给大家的印象更好一些，因为他脑子比小刘更活，思维也更开阔，但为什么做得却不如小刘好呢？

人事部的领导对两位员工进行了研究分析后发现：一年来，两人都想把自己的创造性贡献给公司，都很努力。两人唯一的区别是：小刘有了一个好想法就会立即行动起来，即使实现这一想法的条件不成熟、会遇到困难，他也不会找借口，而是毫不犹豫地去做。尽管小王脑子里有很多想法，但总是停留在构思阶段，或者当想法不符合现实条件的需求时，他就会放弃。这样虽然好想法不少，却没有一个付诸实践，并且还以种种理由抹杀了一些好的想法。

之所以有很多人不成功，是因为他们把时间耽误在了起点上。比如"现在不想做""过段时间再说"等，在这样的想法上徘徊的时间越长，就越会产生不想做的心理。很多事情没有行动或没有结果的原因就是在起点上耽误的时间过长，从而滋生了以后不愿意做或者不做的惰性。

2. 加快执行速度，加大执行力度

某集团的CEO坐在自己的办公室里苦思冥想，一脸疲惫。已经很晚了，公司其他的人早已下班回家，只有他还在思索：为什么自己伟大的战略最终会归于失败？为什么自己拥有行业中最出色的团队还是会失败？为什么各种准备很齐全却无法成功？董事会已经不会再信任我了，我该怎么办呢？

几个星期后，这名CEO被董事会解雇。他在就职之初，由于具有颇高的天分，被董事会寄予厚望，他也做出了最好的计划和远景规划，提出的战略也被董事会看好。然而，他最大的问题是没有将自己的战略很好地执行，不是一个优秀的执行者，最终不得不黯然离开。

计划多么周密详尽，也只能占到成功的一小部分，关键在于执行。工作是否做到位，是否将工作落实到实处，优秀的团队是否在执行者的指挥下发挥了作用，这些都是检验执行力的标准。

只要结果，不要借口

在工作和生活中，我们经常遇到这样的人，他们总是为自己的错误找借口。他们这样做的目的就是为了不受到别人的指责，但是这样的结果往往会让人看到

他们的不负责任。

无数的人与成功失之交臂，重要的一点是为自己找到了自欺的理由。像什么"如果每天不堵车，我就不会经常迟到了""现在竞争太激烈了，要是早几年我也会成为行业的精英""如果我有学历，我早就成为这方面的杰出人才了"等等。这些借口都是自欺欺人的。在你每找一个借口的同时，你也在不经意间失去了一次机会。

成功人士与那些没有什么作为的人之间最大的差异，就在于只要结果，不要借口。只要稍加留意你就会发现，那些没有任何作为，也不曾计划要有作为的人，经常会有一箩筐的理由来解释：为什么他没有做到，为什么他不做，为什么他不能做，为什么他不是那样做的。失败者在没有获得成功后的第一个举动，就是为自己的失败找各种理由。而成功的人，从不为自己找借口，他们注重的是怎么才能更快更好地实现自己的目标。

1. 不为失败找理由

日本松下集团的创始人松下幸之助就是一个从不找借口的人，他对自己如此，对员工也是同样要求。他不允许下属为工作上的失误找各种理由，要他们承认自己的错误，发现工作上的问题。他认为一个只会为自己的失误和错误找借口的人是不负责任的人，这样的人很难在自己的事业上有所成就。他把自己用来找借口的时间都用在寻找解决问题的办法上，因为他很清楚，再多的借口都没有一个解决方法更实惠。这样做使得整个松下集团从上到下都很少有找借口拖延的风气，所以他们成为日本的精英企业并不足为奇。

经常为失败找理由，失败就成了一种习惯，找借口也成了一种理所当然的行为；反之，不给失败找理由，将失败当成教训和收获，会促使我们不断进取。

2. 不为自己找借口

在多哈亚运会上，中国女排以3：0击败越南女排，卫冕冠军，顺利地迎来开门红。中国女排主教练陈忠和赛后表示，中国女排的目标就是卫冕，我们比赛是为了这个冠军而来的，伤病不是借口。虽然中国女排在征战世锦赛回来后一天也没有休息，队伍的伤病情况暂时也得不到有效的改善，但面对亚洲队伍，这些都不是借口。"打亚洲队伍，伤病不应该是借口，我们也不想找任何借口"，这就是中国女排的精神支柱，也是她们之所以一直在世界女排比赛中连续卫冕的原因——我们要的是冠军，不是借口。

不为自己找借口，哪怕是看似合理的借口，只有这样我们才能强化完成任何一项工作的理念。不为自己找借口，实际上是向自己挑战，是为自己寻找走向成功的阶梯。

善于寻找解决问题的方法

善于寻找方法去解决工作和生活中的问题和困难，是我们决胜的根本，更是一个企业维持旺盛竞争力的保障。无论在什么时候，善于找方法的人比遇到问题就逃避的人有着更多的机会，也更容易受到人们的欢迎。

每个人都会在工作和生活中遇到难题，没有任何问题的理想状态是根本不存在的。所以，面对问题和困难，我们不必担忧和逃避，只要找出解决问题的方法，一切困难都将迎刃而解。

问题容易发现，解决办法却难找，成了人们不喜欢解决问题、一见到困难就想躲的理由和借口。每个人对待问题的态度是不同的。善于发现问题的人，也常常喜欢想各种应对的方案。而不善于发现问题的人，更不会主动去想问题该怎么解决，当别人发现了问题，想与之共同解决时，得到的回应却是借口。

方法永远都比困难多，所谓"魔高一尺，道高一丈"，只要用对方法，就没有解决不了的难题。方法用得对不对，是做事的关键。

每一个问题都有它的特点和难点，所以我们还要具体问题具体分析，积极地寻找解决方案，不可随意乱用方法，强加套用或模仿照搬都是不可取的。碰到容易更改方法和可以反复实验的事情，或许多尝试几种办法也未尝不可。然而一旦关系到整体全局的利益或重大决策的实施时，就不能轻易地替换方案，应在采用之前慎重商讨和修改。

1. 突破模式想方法

一个国王约见平时以笨出名的平民阿笨，要他完成一项任务：在一个同时只能烙两张饼的锅中，三分钟内烙好三张饼，并且每张饼必须烙两面，每面烙一分钟。

阿笨并不笨，而且还开过烙饼连锁店，被业内称为"高效率人士"。

按照国王的要求去做最少需要四分钟的时间，可是阿笨却用了一个笨方法实现了要求。第一分钟，他先烙两张饼。第二分钟，把一张翻烙，另一张取出，换烙第三张。第三分钟，把烙好的一张取出，另一张翻烙，并把第一次取出的那张放回锅里翻烙。结果，他用了三分钟烙好了三张饼。

改进方法离不开向高效率人士学习，既要有敢于与众不同的勇气，还要有独立思考和判断的思维，突破旧有的思维模式，就会找到解决困难的方法。

2. 集思广益，寻求最佳解决方案

有一位企业家新注资到一家服装厂，但他本人对服装领域一窍不通，一切的运转程序都由企业家的搭档来负责。但是没过多久，他的搭档因为劳累过度住进了医院，这意味着所有的重担都由这个对服装领域并不熟悉的企业家一人担当。

企业家起初对接手这项工作一筹莫展，那些服装领域的书籍对他而言更派不上用场。但是，企业家想了一个办法，虽然自己是外行，但这里的员工都不是外行。于是，企业家深入到员工当中，以领导和专家的身份出现在他们的面前。

来到服装公司后，企业家找到各个部门的主管，对他们说："很抱歉，我无法与你继续合作下去了，公司不会雇佣一个没能力的员工。若是你能正确指出公司以前所犯的错误，并提出合理的更正办法，说明你知道如何做好你的工作，我就愿意与你继续合作。"

这种方法果然奏效，经过与各部门主管的谈话，企业家的桌前很快就放满了堆积如山的意见和建议。企业家对这些意见和建议并未认真地阅读和分析，而是只负责执行。令人惊讶的是，服装公司运转良好，盈利也越来越多。

3. 选对方法做对事，具体问题具体分析

在美洲刚刚开始开发的时期，一群社会学家在路易斯安那州买下了几百亩土地，开始为实现一个理想而工作。他们拟定了一套制度，让每个人都去从事他最喜爱的工作，或者从事拥有最佳装备的工作。他们拥有自己的牧场和制砖工厂，还有一个印刷厂出版自己的报纸。

一位来自明尼苏达州的瑞典移民也加入了这个组织。根据他提出的请求，他马上就被分配到印刷厂工作。但没过多久，他却开始抱怨，说自己并不喜欢这项工作。于是，他被调到农场工作，负责驾驶一台拖拉机。但是，他对这项工作只忍耐了两天，就觉得再也受不了了。于是，他又申请调职，被派到牛奶厂工作。结果，他和那些温顺的奶牛也相处不好。就这样，他一一尝试过每一种工作，但没有一样是他喜欢的。

正当他要退出这个组织的时候，有人突然想到，有一个工作是他尚未尝试过的——就是在制砖工厂中工作。于是，他领到一辆独轮手推车，负责把制好的砖头从砖窑里运送到砖场上码成堆。一个星期过去了，没有人听到他的抱怨声。有人问他是否喜欢这项工作，没想到他十分开心地说："这正是我所喜欢的

工作。"

从此，这个瑞典人就一直独自承担这项任务。虽然在别人眼里这份工作枯燥无比，但他的工作效率却奇高。

同样的方法在不同的人那里并不会产生相同的效率和结果，适合于一个人的方法在另外的人看来也许是最笨的，但是喜欢用这种方法做事的人却能运用自如，将问题解决得很棒。因此，遇到问题要具体分析，选对方法才能做对事。

第二章
找方法要守好自己的原则

做事先做人。先做人，是说做人要有自己的原则和底线。遵守了做人的原则，我们才能跟别人和谐相处，才能让自己左右逢源。

坚持自己的原则不能放弃

有意识地牺牲自己而帮助别人的人是一个高尚的人，但许多人却在无意识、不自觉地牺牲自己而迎合别人，这些人是失去自我底线的人。

你是否因为别人表露出一种不以为意的态度就改变自己的立场？你是否因为别人不同意你的意见而感到消沉、忧虑？你是否在饭馆吃饭时，饭菜的口味并不令你满意，而你却不敢提出意见或者退回去，因为这样你怕服务员会不高兴？你是否处心积虑地寻求别人的赞许，渴望得到别人的赏识，未能如愿时就情绪低落？曾有位年轻朋友这样向我诉说他的苦恼：

每当听到同事吆喝下班后一块去吃饭、喝酒、唱歌时，他便陷入进退两难的境地中。按个人意愿，他一点也不想去，只想回家好好休息，看看书，听听音乐，静静地享受独处省思的乐趣。但是他知道若是把这些想法讲出来作为婉拒的理由，会被同事取笑。于是，他压下了自己的意愿，顺从同事的模式，在喧闹、放荡、嬉笑中，度过了一个又一个吃喝玩乐的夜晚。他越来越不快乐，越来越痛恨自己，想改变这种令他厌恶的"上班式无味之友谊"，想大声向同事们说"不"，可又总提不起勇气。

还有一位书生气很浓的朋友下海经商。朋友们都说他不是一块经商的料：不抽烟、不喝酒、不会拉关系、不会与人讨价还价等等，好像商人应具备的资质他都没有。但让大家跌破眼镜的是：他的公司在经历了一段艰难的沉寂之后，竟然生意兴隆，财源广进。他说："我只做好了最基本的几点，以诚待人，守诺守信，保证质量。客户们刚开始有些不习惯，现在都挺喜欢同我打交道的，省心省力还踏实。"

有些约定俗成的东西或者大家都习惯的做法未必是完全正确的，也未必适合于你。只要你认为自己是对的，坚持一下底线又何妨？

一旦寻求别人的认同、赏识和赞赏成为你的一种需要，并久而久之形成一种潜意识的习惯，要想做到保持自我并逐渐进步就很困难了。如果你非要得到别人的夸奖不可，并常常向他人做出这种表示，那就没有人愿意坦诚相见了。有些人虽然会奉献出他们的赞美之词，但其内心未必对你有什么好感。同样，你更容易无法明确地阐述自己在生活中的想法，你会为了迎合他人的观点与喜好而放弃你的底线，甚至牺牲自己的价值。

平等互惠是最基本的原则

人与人之间是一种平等互惠的关系，你对别人怎样，别人就会对你怎样。你帮助我，我就会帮助你。正所谓"投之以桃，报之以李"。一个人只有热情大方地帮助和关怀他人，他人才会给你以帮助。所以，你要想得到别人的帮助，你自己首先必须帮助别人。

主动帮助他人，伸出援助之手，是会交际者常用的一种姿态。俗话讲，患难见真情，当你伸出援助之手的时候，尤其是对方急需要一只手的时候，就更能让人感受到交往的力量。你向别人伸出一只手，别人也会向你伸出一只手。

有一个人在离开人世的时候，请求上帝允许他提前参观一下天堂和地狱，以便比较，从而聪明地选择他的归宿。首先来到魔鬼掌管的地狱。乍一看，他十分吃惊，简直不敢相信自己的眼睛，因为地狱并非他想象中的那么可怕。他看到的是，所有的人都坐在酒桌旁，桌上摆满了各色美味佳肴，包括肉类、水果、蔬菜。

然而，当他走近仔细观察那些人时，竟然发现没有一张笑脸，也没有伴随盛宴的音乐或狂欢的迹象。坐在桌子旁边的人看起来都闷闷不乐，无精打采，而且瘦得只剩皮包骨了。原来在每人的左臂都捆着一把叉，右臂捆着一把刀，刀叉都有四尺长的把手，不能用它们来吃食物，所以即使每一样食物都有，并且就在他们手边，他们却还是吃不到，一直在挨饿。

然后，他又去了天堂，没想到景象跟地狱完全一样——同样的食物、刀、叉和那些四尺长的把手。然而，天堂里的居民却都在唱歌，欢笑，个个像天使般满面春风，神采飞扬。这位参观者不知道为什么会这样。他奇怪为什么情况相同，结果却如此不同呢？地狱里的人都在挨饿而且可怜兮兮，可天堂的人却酒足饭饱而且很快乐。带着一脸疑惑，他走近观察，最后终于找到了答案。原来，地狱里的每个人都是试图喂自己，可是一刀一叉以及四尺长的把手是根本不可能把食物送到自己嘴里的。而天堂里的每一个人却都在喂对面的人，同时也津津有味地吃着对面的人喂来的食物。因为他们彼此互相帮忙，结果也帮助了自己。

你帮我，我帮你，互相帮助，人与人的来往，环环相扣，帮助别人其实就是帮助自己，这就是助人助己的道理。

崔建的太太要生小孩了，他扔下电话，跳进公司的那辆破车就往外冲。"你上不了山的，车太老了！"同事在后面喊。"没办法，只好冲冲看了！"果然，一开始爬坡，车就吃不消了，但居然侥幸开过了几个坡。眼看就要冲上最后一个坡了，一个提着木箱的人过来拦车："能不能带我一程？箱子太沉了！"崔建不予理会，一直往前冲，心想："我自己都不一定过得去呢。"就在冲上山头的那一刻，车停住了。无论怎么踩油门都无济于事，车开始往下溜。

崔建索性退回去，准备再次冲刺。刚才半路碰到的那个人，还回头对他笑呢。崔建觉得对方在嘲笑他，心里狠狠地骂了一句，再次往上冲。这次，奇怪了，就在差一点的时候，车居然缓慢地上了山头。崔建正兴奋着，却猛然发现车后站着那个人，满脸通红，气喘吁吁。"刚才是你帮我？""嗯，你……能不能带我一程，我赶着去帮人接生！"

上面的小故事给我们的启示很清晰，如果你帮助其他人获得了他们需要的事物，你也会因此而得到想要的事物，而且你帮助的人越多，得到的回报也越多。

在中国历史上，辅佐周朝建立不朽功业的奇人姜太公就曾经对周文王说："天下不是一个人的天下，而是天下人的天下。同享天下利益的人得天下，私夺天下利益的人失天下。"又说："与人同病相救，同情相成，同恶相助，同好相趋。所以没有用兵而能取胜，没有冲锋而能进攻，没有战壕而能防守。不想获得民心的人，却能获得民心。不想取得利益的人，却能得到利益。"

助人为乐乃快乐之本。不论生活还是工作，对别人友好，才能换来别人的善待，尊重他人才能换得他人的尊重。所以，爱人就是爱己，利人就是利己，助人就是助己。反之，刻薄他人就是刻薄自己，毁谤他人就是毁谤自己，损害他人就是损害自己。

☘ 人格底线不可动摇

人品即商品，人格即财富。一个道德败坏的人，不管是做人还是做事，从商还是从政，都很难有所发展，更谈不上功成业就。在《三国演义》中，关羽和吕布都是以武功而闻达于天下的人物，但他们却有着完全不同的下场，就是因为两人之间的人品差异所致。

论武功，吕布可谓胜出关羽许多，"三英战吕布"——关羽和刘备、张飞三兄弟齐上阵，也没能够将吕布拿下。可见吕布的武功超群，高出关羽并不是一点的事情。论外表，吕布是一个英俊的小生，更不在关羽之下。可是吕布为后人所不齿，关羽却被人敬若神明，一直被后人奉为忠义的象征。造成这样截然不同的结果就是因为吕布不具备恪守诚信的品质，而关羽却素有忠义、诚信的美誉。

三国里，吕布是一个唯利是图的世俗形象。他厚颜无耻、见利忘义，先是杀掉了与自己一同起事、情同手足的兄弟朋友，后来又为了一个女人貂蝉而行不义之举，亲手杀了对自己有知遇之恩的义父——董卓。吕布背信弃义，为人所鄙弃，他不恪守诚信的行径，为世人所痛恨，最终虽然空有一身的本领，却四面树敌，众叛亲离，不得善终。吕布背信弃义的坏名声，使他难以施展自己的才华，最后落了个无家可归的结局，谁都不肯收留他，就连广揽天下人才为己用的曹操都不用他。

关羽虽然武功在吕布之下，却受到了世人的敬重，即使素以奸诈著称的曹操对他也是热情款待、再三挽留。曹操看重的就是关羽的忠义诚信。尽管曹操多次诱之以金钱、美女和宝马，并给予高官厚禄，都没有动摇关羽信守承诺、信守诚信的意志。任凭曹操使尽了各种方式，关羽都没有背叛兄长刘备，没有背叛兄弟三人的桃园盟誓，时刻想回到兄长刘备的身边。尽管关羽在弃曹投奔刘备时，曾经杀死了曹操手下数员大将，但曹操还是十分敬重他的忠诚守信。尽管曹操知道关羽是与自己争夺天下的对手刘备的猛将，但曹操只是让手下人阻拦挽留，并没有下令杀掉关羽。关羽的忠义还表现在他愿意为信守诚信付出生命的代价，在华容道与曹操狭路相逢时，尽管他知道自己已经立下生死状，放人就是违背军令，罪当杀头，但仍自作主张放走了曹操。正是关羽的这种忠义精神感动了诸葛亮，军师并没有真的要杀他，而是让他戴罪立功。关羽如此讲诚信，并愿意为之付出一切代价，正是这一点而感动了所有的人，包括他的敌人——曹操。关羽死后，曹操给予厚葬，并追封了他很高的爵位。

在我国商业史上，"五金大王"叶澄衷就是"人品即商品"的典型。叶澄衷早年在黄浦江上靠摇舢板卖食品和日用杂货为生。有一天，一位英国洋行经理雇他的小舢板从小东门摆渡到浦东杨家渡。船靠岸后，洋人因事急心慌，匆忙离去，将一只公文包遗失在舢板上。叶澄衷发现后打开一看，包内装有数千美金还有钻石戒指、手表、支票本等。他没有据为己有，而是急客人之急，在原处等候洋人以便归还。直到傍晚，那位洋人到处寻包不见后才懊恼地返回寻找。不过他没想到包会在舢板上，更没想船工在等着还他包。洋人打开皮包，原物丝毫未动，不禁大为感动。一个中国苦力竟有如此品德，对外来之财毫不动心，洋人真不敢相信这样的事实，他立即抽出一叠美钞塞到叶的手中，以示谢意。叶澄衷坚持不收，交包后就要开船离去。这位洋人见状，又跳上小船，让叶送他到外滩。船一靠岸，洋人拉他到自己的公司，诚恳地邀请他一起做五金生意，叶澄衷答应了。

从此，叶澄衷走上了商途。在日后的经营中，品德高尚的他赢得了人们的欢迎，叶澄衷也一步步地走上"五金大王"的地位。

李嘉诚在接受记者采访时，对自己的创业与成功做了一番真诚的讲解。记者曾经问李嘉诚："李先生，如果勤与俭是初期创业者必备的素质基础的话，那么作为创业之初的企业的关键又是什么呢？"李嘉诚的回答是："一个企业的开发意味着良好信誉的开始。有了信誉，自然就有财路，这是必须具备的商业道德。就像做人一样，要忠诚、有义气。"

因此，无论是做人还是经商，我们必须坚守人格底线不动摇，这样我们就会获得长足的发展。

❧ 一味迁就别人会给自己带来困难

在社会生活中，由于分工和能力的不同，必然要有领导者和被领导者。既要有人运筹帷幄，掌管大局，又要有人身体力行，动手去干。但是，不管干什么，都要有自己的原则、自己的立场，不能一点主见都没有。这里的原则既包括办事的方法，也包括日常生活中为人、处事的立场、原则。少了哪个都会给你带来困难，并将影响你的生活。

工作办事没有自己的方法，只听命于他人，别人怎么说自己就怎么做，如果别人说得对还好，假若别人说得不对，而自己又不动脑筋，走弯路、浪费时间不说，有时难免要犯错误。举个简单的例子：某人想挖鱼池养鱼，有人建议坑底要铺上一层砖，这样既干净又节省水；又有人说，不能铺砖，铺了砖鱼就接触不着泥土，对鱼的生长不利；还有人说……于是，这位养鱼者开始犯难了，左也不是，右也不是，不知该听谁的好。结果，事情就此搁了下来，最终放弃了计划。当然，这只是个简单的例子，生活中有许多事情要复杂得多，而且有些事情没有犹豫的时间，这就更需要我们要有自己的方法。既然别人的意见也不一定正确，为什么不试试自己的办法呢？按照古代寓言书的记载，谁能解开奇异的高尔丁死结，准能注定成为亚洲王。所有试图解开这个复杂怪结的人都失败了。后来轮到亚历山大来试一试，他想尽办法要找到这个死结的线头，结果还是一筹莫展。后来他说："我要建立我自己的解结规则。"于是，他拔出剑来，将结劈为两半，他成了亚洲王。当然这只是传说，但这则故事告诉我们，亚历山大之所以成功地做了亚洲王，就是因为他有自己的方法，创立了自己的规则。他绝不是没有主见，没有办法之人。因此，干什么事情都要动脑筋，不要轻易听从他人的安排，要有自己的一套规则。这样做，有时会使你收到意想不到的效果。办事没有原则，有时就表现为一味地迁就、顺从别人。由于自己没有立场，所以很容易被他人所诱惑或利用。迁就别人，表面看来是和善之举，但实际上却是软弱的表现。软弱到一定程度，就会逐渐失去自信力，没有自信力的人是很难成就什么大事业的。有时，性格上的自卑和懦弱，也表现为没有自己的立场和观点。自卑，就会觉得自己处处不如别人，怯懦则往往会导致卑微。时时看着别人的脸色行事，怎么能走自己的路呢？其实，这样做大可不必。由于自卑和怯懦使我们对于那些高傲的名人仰慕不已。然而，一旦我们恢复自信，勇敢地面对问题，面对困难，我们就会觉得伟人并无神秘可言，而且会越来越觉得，所谓伟人和庸人的区别，无非就是：前者始终有一个清晰的方向，并且充满自信，按照自己的方法、义无反顾地走下去；而后者却终日浑浑噩噩，始终不敢向着未来迈出那决定性的一步。人如果懂得了这一点，成为一个伟人并不困难。著名漫画家蔡志忠先生讲过这样一句话："每块木头都是座佛，只要有人去掉多余的部分；每个人都是完美的，只要除掉缺点和瑕疵。"正是如此，每个人都有他自己的长处，为什么要去迎合别人呢？没有原则的人还往往禁不住他人的诱惑，什么事情，最初还能遵循自己的原则，但经别人三言两语一劝，马上防线就崩溃了。举个日常生活中最简单、最普遍的小例子：拿喝酒来讲，几个朋友坐在一起，常常要推杯换盏，边喝边聊。几杯酒下肚之后，本来规定自己只喝三杯。开始时方能坚持，但没多久，在朋友的再三劝说之下，脑袋一热，什么三杯原则，五杯又能怎么样？于是，原则丢在了脑后，放开肚子喝了起来。其结果常常是酩酊大醉，误了事不说，对自己的身体损害极大。这是多么不划算的事啊！所以，做什么事情都要有个度，不能过度，否则就是没有原则。什么事情没有原则，只会给自己带来不良后果，而不会有什么好的结局。

做事没有原则，没有自己的立场、方法，固然不好，但也不能因循守旧，而是要创立自己的规则，要有创新精神。人类就是在不断地继承和创新中取得进步的。因此说，创新对于社会的进步有着决定性的作用。历史川流不息，若不能因时度势，一味恪守旧俗，本身就是致乱之源。顽固保持旧传统者难免成为当世的笑柄。当然，既成的事物，即使并不完美，也会因为已被习惯所适应而不断坚持。新的事物，哪怕再好，也会因为不适应旧的习惯而受到抑制。对于旧习俗来讲，新事物好像不速之客，因而很容易不被接受和欢迎。所以这就需要革新者坚持自己的原则，不要轻易改变立场。在坚持原则的基础上，我行我素，"你有千条妙计，我有一定之规"，以此来抑制那些企图诱惑你、改变你的人。

对于那些有志改革的人，最好能以时间为榜样。时间在流逝中不知不觉地更新了世上的一切，表面上又似乎什么都未改变。如果不是这样，新事物来得太快的话，难免会遇到极大的反对力量。由于改革必定会触犯一些人的既得利益，所以革新者无疑会受到这些人的打击，那么新事物的生存是很困难的。

当然，这只是个小小的建议。还是那句话，在坚持自己原则的基础上，在革新中逐渐创立新的原则，使自己不断发展，不断完善。做事无原则，是万万要不得的。

己所不欲，勿施于人

有这样一些人，他们的心中只有"我"，一切以"我"为中心，一切从"我"出发，对于别人的痛苦和快乐漠不关心。更有甚者，他们还时常把自己的意愿强加于别人。这样的人，不仅没有朋友，而且还会得罪大多数人，结果受害的还是自己。

　　这些人不大懂得"己所不欲，勿施于人"的生活准则。这个准则是孔子提出的，从精神生活而言，已是全世界的共同财富，是各种处世方式的基础，这种精神就是从爱心出发，以己度人，推己及人，提倡人与人之间的宽容、互相帮助、互相关心、互相爱护、互相尊重。如果人人都只为自己着想，举天下以换一己之得，牺牲千万人为一己之私，那么这个世界岂不是连虎狼世界也不如了！

　　战国时，梁国与楚国交界，两国在边境上各设界亭，亭卒们也都在各自的地界里种了西瓜。梁亭的亭卒勤劳，锄草浇水，瓜秧长势极好，而楚亭的亭卒懒惰，对农事很少过问，瓜秧又瘦又弱，与对面瓜田的长势简直不能相比。楚人死要面子，在一个五月之夜，偷跑过去把梁亭的瓜秧全给扯断了。梁亭的人第二天发现后，气愤难平，报告了县令宋就，说："我们也过去把他们的瓜秧扯断好了。"宋就听了以后，对梁亭的人说："楚亭的人这样做当然是很卑鄙。可是，我们明明不愿他们扯断我们的瓜秧，为什么还要再过去扯断人家的瓜秧？别人不对，我们再跟着学，那就太狭隘了。你们听我的话，从今天起，每天晚上去给他们的瓜秧浇水，让他们的瓜秧长得好。你们这样做，一定不可以让他们知道。"梁亭的人听了宋就的话后虽不明就里，但还是照办了。

　　楚亭的人发现自己的瓜秧长势一天好似一天，仔细观察，发现每天早上地都被人浇过了，而且是梁亭的人在黑夜里悄悄为他们浇的。楚国的边县县令听到亭卒们的报告后，感到既惭愧又敬佩，于是把这事报告给了楚王。楚王听说后，也感于梁国人修睦边邻的诚心，特备重礼送梁王，既表示自责，也表示酬谢，结果这一对敌国成了友邻。

　　在现实生活中，我们会遇到很多争端，人们总是首先考虑自己的利益，不想让自己受到损失。从解决问题的角度考虑，这种想法往往会使问题得不到顺利的解决。如果这时能够以"己所不欲，勿施于人"的原则设身处地为对方着想，就能达成共识来解决双方的问题。

　　明朝宰相严讷很重视教育。有一年，他准备资助家乡建一座学堂。在规划地基时，碰到了民房拆迁的问题。他告诫当地政府，一定要合情合理地处理拆迁一事。由于处理得当，房屋地基规划进行得很顺利。眼看就要结束时，在地基边缘有一座破旧的民房，主管人去查看时，见是一家卖水果蔬菜的小店，就对户主说："严宰相资助家乡盖学堂，你这房子正好在其范围内，需要拆迁，你出个价吧，亏不了你们家的。"户主世代居住此处，恋根性自然很强，但他也钦佩严讷的义举，心里矛盾又不能不说："严大人为民着想，小民感激不尽。可我这房屋是祖上传下来的，在我手中丢了觉得愧对列祖列宗，小民很为难啊！您就把俺的心事禀明严大人吧，望求得他的谅解。"

这位户主语言婉转，但话中的意思很明确：他不会卖房的。主管人反反复复地劝说，户主只是一个劲儿地称赞严宰相，卖房的事却一字不吐。主管人又急怒不得，因为严宰相一再告诫不能对民粗鲁无礼。于是，他只得向宰相禀报。

严讷听了汇报，想了想说："他不肯卖就不必硬买。先动工兴建其他的房屋，这户人家我自有办法让他搬迁。"主管人磨破了嘴皮都未能说服那户人家，听宰相如此说，甚觉好奇，便向他讨计。严讷说："不过是投其所好罢了，工地需要的水果蔬菜，全去这户人家买，价格随他，而且要预先付款。"

学堂如期动工，工地上热火朝天。几百号人的吃喝，全由那户人家采办。他家往日萧条的生意一下变得兴隆了！全家人倾巢出动，起五更睡半夜地忙，有时忙不过来，只得雇人帮忙。学堂的地基还未打好，这家人就已赚了不少钱。家里添置了许多新家具，大人孩子购买了新衣，主人乐得合不拢嘴。可有一件事也着实为难了他，这便是满屋子储存着水果蔬菜，连落脚之处都没有了。工地上的活儿还早着呢！照此看来，这屋子真是太小了！

严讷已将这户主的心理掌握得一清二楚，他适时地派人去找店主："户家呀，过两天我们工地还要增加几百人，以后你的生意会更加兴旺发达了！"户主高兴得满面红光，但又非常歉意地说："全仗严宰相的关照，我们才有今日的富足。宰相当初想买下这片地基，我却舍不下这破陋的小屋，为难了你们，也辜负了宰相的厚意，小民实在是愧对啦！"很快，户主主动让出小屋。严讷得知后，忙吩咐主管人在附近找到一所宽敞的新屋卖于户主，那户人家愉快地搬走了。

这事传出后，人们纷纷赞誉严宰相的高尚官品，说他是个有智有谋，又能体谅百姓疾苦的好官。经过严宰相的一番努力，不仅让户主搬迁了，而且也为自己赢得了声誉。这就是推己及人的好处，它体现了一个人的智慧和品质。

己欲立而立人，己欲达而达人。你自己想要的，也是别人想要的；你自己不想要的，肯定也是别人讨厌的。你只要事事都从别人的立场去思考与行动，以心换心，推己及人，你的人际关系肯定会十分和谐。

🔑 保持清醒，该放弃时就放弃

晋代陆机的《猛虎行》有云："渴不饮盗泉水，热不息恶木荫。"讲的就是在诱惑面前的一种放弃、一种清醒。以虎门销烟闻名中外的清朝封疆大吏林则徐便深谙放弃的道理。他以"无欲则刚"为座右铭，为官四十年，在权力、金钱、美色面前做到了洁身自好。他教育两个儿子"切勿仰仗乃父的势力"，实则也是他本人处世的准则。他在《自定分析家产书》中说："田地家产折价三百银有零""况目下均无现银可分"，其廉洁之状可见一斑。终其一生，他从来没有沾染拥姬纳妾之俗，在高官重臣之中恐怕也是少见的。

在现实生活中，我们也需要有一种放弃的清醒。其实，在灯红酒绿的今天，摆在每个人面前的诱惑实在太多，特别是对有权者来说，可谓"得来全不费工夫"。这就需要我们保持清醒的头脑，勇于放弃。如果抓住想要的东西不放，而贪得无厌，就会带来无尽的压力、痛苦、不安，甚至毁灭自己。人生是复杂的，有时又很简单，甚至简单到只有取得和放弃。应该取得的完全可以理直气壮，不该取得的则当毅然放弃。取得往往容易心地坦然，放弃则需要巨大的勇气。若想驾驭好生命之舟，每个人都面临着一个永恒的课题：学会放弃！俄国作家托尔斯泰写过一个短篇故事：有个农夫，每天早出晚归，耕种一小片贫瘠的土地，但收成很少。一位天使可怜农夫的境遇，就对农夫说，只要他能不断往前跑，他跑过的所有地方，不管多大，那些土地就全部归他。于是，农夫兴奋地向前跑，一直跑、一直不停地跑！跑累了，想停下来休息，然而，一想到家里的妻子儿女，都需要更大的土地来耕作、来赚钱啊！所以，他又拼命地再往前跑！真的累了，农夫上气不接下气，实在跑不动了！可是，农夫又想到将来年纪大，可能无人照顾，需要钱，就再打起精神，再奋力向前跑！最后，他体力不支，咚地躺倒在地上，死了！

的确，人活在世上，必须努力奋斗。但是，当我们为了自己、为了子女、为了有更好的生活而必须不断地"往前跑"、不断地"拼命赚钱"时，也必须清楚地知道有时该是"往回跑的时候了"！因为妻子儿女正眼巴巴地倚着门等你回来呢！

第三章

"换地打井"——改变思路

　　穷则变，变则通，通则久。一个智慧的、变通的选择胜过千万次辛苦的打拼。一件事情失败了，大抵有三种可能：一是此路不通，你需要另外开辟一条路，重新选择一个方向；二是方向没有错误，但是前方有障碍，应该想办法解决，有时候绕开障碍比撬开障碍更加省时省力；三是前方的屏障或者迷雾遮住了我们的眼睛。成功就在前方，我们需要看清真正的目标，有时，"换地打井"比"锲而不舍"更明智。

换地打井：让困难成为新的契机

"换地方打井"是著名思维学家、创新思维之父德·波诺提出的概念，简单说来就是要人们善于创新。

"换地方打井"是强调如果打井的位置没有选对，那么再怎么努力也是白费，应该及时更换地点，寻找一个更容易出水的地方打井。所以，打井的时候，如果努力的程度足够却不见水。就要想想：打井的位置是否正确，或者根本就没有水，或者要挖很深才可以见到水。

"换地方打井"要求我们要横向思维，遇到问题要不断探索更多的解决方式。而创造力和创新思维正是我们成功不可缺少的重要条件。

战胜困难不能缺少创新思维。创新能够帮助你更好地发挥潜能，帮助你找到理想的"金矿"。人只有在不断的创新中才能有进步，自身的能力才不致枯竭。

所以，如果你具备一个聪明的头脑和一双敏锐的眼睛，就不要让它们荒废掉，要善用自身的天赋去开创更广阔的天地，开拓更大的商机，发现更多的机会，尝试更多的可能。创新就是生产力，创新就是财源、机会，创新就是帮助你战胜对手的有力武器和保障。企业具备创新思维，生命力必定是旺盛的；商家具备创新思维，生意必定是红红火火的。如果我们每个人都培养自己的创新思维，成功的机会就会多一些，问题就会有新的转机。

1. 突破传统，标新立异

解放前，南京有家鹤鸣鞋店，牌子虽老，却无人问津。老板发现许多商社和名牌店都登广告推销商品，他也想做广告宣传一下。

怎样的广告才有效果呢？店老板来回走动寻思着。这时，账房先生过来献计说："商业竞争与打仗一样，只要你舍得花钱在市里最大的报社登三天的广告。第一天只登个大问号，下面写一行小字：欲知详情，请见明日本报栏。第二天照旧，等到第三天揭开谜底，广告上写'三人行必有我师，三人行必有我鞋，鹤鸣皮鞋'。"

老板一听，觉得此计可行，便依计行事。广告登出来果然吸引了广大读者，鹤鸣鞋店顿时家喻户晓，生意红火。老板很有感触地意识到：做广告不但要加深读者对广告的印象，还要掌握读者求知的心理。这则特别的商业广告，也显示出老商号财大气粗的气派。从此，鹤鸣鞋店在京沪鞋帽业异军突起。

科技发展日新月异，经济发展突飞猛进，新生事物层出不穷，我们必须敢于创新，跟上时代潮流，更要有超前意识。这些都是成功者必备之素质。敢于标新立异，冲破传统观念，才能取得极大的成功。

2. 独辟蹊径，成功就是不走寻常路

"孤注一掷"战略是管理大师彼得·德鲁克提出的一种创新战略。采用这种战略，企业家的目标是领导权，或是占领新市场、新产业。

西南航空公司的创始人赫布·凯莱赫正是凭借"颠覆传统"创造商业奇迹的。1967年，凯莱赫和罗林·金一起创建了西南航空公司。一开始，新公司只有四架飞机、七十多个雇员，且只在得克萨斯州内飞行。但今天西南航空的版图已扩大到全美58个都市59个机场，成为美国第四大航空公司，有超过3.5万名员工。当时，西南航空公司的理念是——如果你能保证乘客短距离飞行迅速、费用低廉，那么人们就愿意乘坐你的航班。这在当时是个违反常规的想法，人们那时普遍认为，一个没有派头的航空公司是不能够成功的。

"颠覆传统"的思维要求领导人必须有非凡的胆量。在竞争激烈的新时代，创新与冒险是企业求胜的最终利器。

3.做"第一个吃螃蟹"的人

美国柯林奈特公司的创始人约翰·柯林南是电脑软件行业中的标新立异者。1968年春天，柯林南在学过电脑软件之后，认为应该将自己的所学回馈社会。于是，他决定建立起一个新的事业。他对这个新事业的观念极为清晰。

第一，他认为在像电脑软件这种知识密集的行业之中，人可以有特殊的贡献。因此，他认为他的新公司要尽全力吸引且留住那些能够创新的人才。

第二，虽然在当时许多人习惯把电脑软件视为某种稀有的艺术品，可是柯林南却认为可以像一般商品一样大量制造，也就是说发展许多基本软件，以便在进行一项新工作时不必重复先前已熟悉的步骤。就是要发展电脑软件，使之成为企业更有生产力的工具，而且不断进步。

第三，柯林奈特公司设法从那些为自己需要而设计，但又不经营电脑软件的"尖端客户"那里，取得软件程序和设计方案，经过处理后再销售给企业，使两种价值合二为一得到实现。

在确定了上述新奇但又现实的想法之后，柯林南聚集了一群致力于美国软件行业的同事们，开始了他们的新事业。他们的第一项产品是"库尔普莱特"的程序。一项很容易借由电脑打出报表的程序。很不幸的是，这个程序并不吸引人，而这时公司在银行的存款只有500美元，两天之后又有8500美元的薪水必须交付，根本没有求援之处。于是柯林南就带着他那唯一的而又不成功的产品到市场上重新定位。这一次他把程序改名为"EDP稽查员"。他不但获得了成功，并且发现并不是幕僚人员才使用电脑。内部和外界的稽查员除了他们所熟悉的簿记员、计算机和书面记录外，也得同样面对电脑、程序和磁带等。

由此，柯林南开辟了一个新市场，就是对稽查员进行各种应用电脑的特殊训练和个别服务。这个"EDP稽查员"是柯林南首次在商业上获得的成功，为这个新成立的公司打下了发展的基础。之后，柯林南又进一步发展EDP软件，使普通人员都能操作、存取和发挥电脑的全部功能。在资料库管理软件业务基本形成之后，柯林奈特公司就转向自行发展或向外取得软件，处理后，供应市场各种功能的软件，解决客户制造、销售、人事、财务等问题。

柯林奈特公司的最大创新就是处理零散的软件，向客户提供所需的资料及分析结果。这种创新的确有效，从战略空军到杜邦公司，柯林奈特公司已拥有两万多个客户，公司销售量连年翻番。

一种产品的产生，一个潮流的兴起，往往都是由创新而起。第一个敢吃螃蟹的人就是这个潮流的先导者，往往会以绝对的优势在这个潮流中获利。

思路变了，成功近了

很多人总是忽视最基本的逻辑问题而变得不知变通，死守着原来的经营思路，却不知道一变万事达的道理，以至于最后坐吃山空，甚至被优胜劣汰的法则淘汰。

企业实行多样化战略，是经济发展的一个基本推动力量。在许多情况下，它是大多数公司采用的最主要的共同策略。进一步讲，多样化的强烈要求，存在于各种形势中。

在经营顺利时，企业要向新的方向扩张，以取得联合的共同优势和品牌名望。经营不善时，企业就要另谋生路。

1. 山穷水尽换思路，柳暗花明又一村

毛姆出版第一本小说的时候并没有引起轰动，很多作品销售量都不高，毛姆有点着急。面对销售量的惨淡局面，他没有像其他作家那样用签名售书的形式扩大自己的知名度，而是独辟蹊径，选择了一种令人意想不到的方法：征婚。

毛姆在一家发行量很大的报纸上登了一则征婚启事："本人年轻英俊、教养深厚、百万富翁，欲寻一位毛姆小说中女主人公式的女孩为终身伴侣。"征婚启事一刊登出来，一石激起千层浪，许多女孩纷纷购买毛姆的小说。还有一些人抱着好奇心去看，这位百万富翁的小说里究竟写了什么？结果，毛姆的小说热卖，毛姆本人的名气也一路飙升。

正如销售没有唯一的"圣经"，问题的解决方式也并非一成不变。很多人追求一些所谓的成功经、最佳策略、最好办法等，其实很容易陷入一种局限的思维中，认为问题的解决方法应该是固定的，甚至遵循着套路。很多人在解决问题时，习惯用常用的方式方法，认为这样做成功的把握会更大，从而不敢放开思路，尝试更多的方法。其实，任何问题都没有固定的方法，用一种方法应对所有问题的做法是行不通的。

2. 打破常规，不被观念所束缚

一艘远洋海轮不幸触礁，葬身海底。九名船员幸免于难，他们登上了一座孤岛。岛上除了石头，别无他物，没有食物充饥，更严重的是，没有水喝。尽管四周都是海水，可谁都知道，海水又苦又涩又咸，根本无法饮用。在炎炎烈日下，每个人的嗓子都像冒了烟，他们只能盼望老天爷下雨，或者有别的船来搭救他们。等啊等，没有下雨的迹象，也没有任何船只的踪迹。八名船员最终坚持不住，纷纷渴死在孤岛上。

当最后一名船员快要渴死的时候，他实在忍不住扑进海里，奇怪的是，他一点儿也感觉不到海水的苦涩，相反觉得海水甘甜清爽，非常解渴。他想：这也许是临死前的幻觉吧。于是便躺在岛上，静静地等着死神的降临。当他醒来时，发现自己只是睡了一觉，并没有死。于是他每天靠喝岛边的海水度日，终于等来了救援的船只。后来，人们对这里的水进行分析才发现，这儿有地下泉水不断翻涌，所以岛边的海水实际上是甘甜可口的泉水。八名船员因为死守着"海水不能饮用"的固有经验，最终渴死在淡水边。

观念是影响我们成功的关键。许多人有了新思想的时候，往往会被众多貌似科学的权威扼杀在摇篮中。因此，打破旧思想，提倡创新，是解决问题的重要前提。勇于走进某些禁区，打破条条框框的束缚，敢为天下先，会得到意想不到的机会。因循守旧、维持现状的人，过的只能是庸庸碌碌的生活。由此可见，我们既要注重方式方法，又要有灵活应变的思维，只有这样你才能达到事半功倍的效果，迅速地解决问题。

角度变了，答案也变了

从不同的角度看问题，就会有不同的面貌，同时也会得到不同的答案和解决方式。最好的解决方案运用到另外一个问题上，可能会无济于事；相反，自认为不可解决的问题，运用一下曾经想过的方案，结果问题很可能会得到解决。正如你弃如敝屣的东西到了其他人手上，可能会是对方的无价之宝；而你觉得是奇珍异品，对别人来说可能毫无价值。

无论在生活还是工作中，遇到困难和问题，我们可以学会换位思考，尝试着多角度看问题，可能会有新的发现和惊喜。

1. 从不同的角度看问题

著名的寓言作家伊索正为主人准备一桌最好的酒菜，以款待一些德高望重的哲学家。当菜一盘盘端上来时，主人发现满桌都是动物的舌头，牛舌、猪舌、羊舌、鹿舌……简直就是一桌舌头大餐。

全桌的客人出于礼貌，只敢小声地相互议论，机灵的主人发现宾客们窃窃私语和怀疑的神色，连忙气急败坏地把伊索叫进来兴师问罪："我不是叫你准备一桌最好的菜吗？你准备这些东西究竟是什么意思？"伊索不慌不忙、谦恭有礼地回答："在座的贵客都是知识渊博的哲学家，他们高深的学问需要用舌头来阐述。对他们来说，我实在想不出还有什么比舌头更珍贵的东西了。"哲学家们听了他这番对舌头的吹捧，不禁转怒为喜，纷纷开怀大笑。

第二天，主人又要伊索准备一桌最不好的菜，招待别的客人。这批客人是主人住在乡下的亲戚，主人一向看不起他们，认为他们"狗嘴吐不出象牙"，只是一群乡巴佬，只有在逢年过节时，主人才会勉强招待他们来家里吃饭。

宴会开始后，菜一盘盘地端上来，仍然还是一桌舌头大餐。主人火冒三丈，气冲冲地跑进厨房质问伊索："你昨天不是说舌头是最好的菜，怎么这会儿又变成了最不好的菜了？"只见伊索镇静地回答："祸从口出，舌头会为我们制造灾难，引起别人的不悦，所以它也是最不好的东西。"主人听了，不禁哑口无言。

2. 答案不止一种，寻求多种方案

某日，一位被众人视为白痴的人对天才说："你猜，我的牙齿能咬住我的左眼睛吗？"

天才盯着白痴看了几眼，笃定地说："绝对不可能啊！"

白痴说："那我们来打个赌！"

天才认为这是绝对不可能的事，于是同意打赌。只见白痴将左眼窝里的假眼球取出丢进口中，用上下牙咬着。

天才吓了一跳，说道："没想到，真的可以呀！"

白痴又说："那你信不信，我的牙齿也能咬住我的右眼睛？"

天才说："不可能的！"他心想，难道这个家伙两只眼睛都是假的？这绝对不可能，否则他就看不见东西了。

于是，两人再次打赌。只见白痴轻易地把假牙拿下，往右眼上一扣。

天才再度吃惊了，说："没想到，真的可以呀！"

别把自己的脑子加上大锁，我们就是需要摒弃自己脑中食古不化的观念，多以开放的心来接纳外界的讯息，才能彼此良好地互动，激荡出创意的火花。

3. 换位思考帮助你准确判断

朱可夫元帅是一位军事奇才，一生功名显赫。

二战末期，苏军先锋部队抵达距柏林不远的奥得河时，遇上了危急情况：与后继部队脱节，人员和物资供应不上。

这时，朱可夫元帅连忙找来他的坦克集团军司令——卡图科夫将军，与他商量对策。朱可夫问他说："假如你是德军柏林城防司令官古德里安，手中拥有23个师，其中有七个坦克师，朱可夫现已兵临城下，后继部队还在离柏林150公里之外，这种形势下，你会有什么举措？"

卡图科夫回答说："那我就用坦克部队从北面攻打，切断你的进攻部队。"

朱可夫听后，击掌高呼："对啊！对啊！这是古德里安唯一的好机会。"于是，他当即命令他的第一坦克集团军火速北上，及时一举歼灭实施侧翼反击的德军坦克大部队，保证了柏林战役的胜利。

当你无法猜出对方的想法时，不妨站在对方的角度上，用对方的思维去想问题。成功地运用换位思维，将使你更加准确地作出判断。

🔑 法无定法，守正出奇

任何事情都没有固定的解决办法。事情真正的好办法往往是神来之笔，法无定法，守正出奇。因此，做事的过程中，我们不要固守旧的观念，要懂得创新和变通。做事死脑筋的人固守一端，在他们看来，任何事情都有固定的解决办法。其结果是他们的解决办法一般，有时候甚至让事情变得更加糟糕。

　　一个出版商有一批滞销书久久不能脱手，他忽然想出了非常妙的主意：给总统送去一本书，并三番五次征求意见。日理万机的总统不愿与他多纠缠，于是说："这本书不错。"出版商便大做广告说："现在有总统喜爱的书出售"。很快书就卖完了。不久，这个出版商又有书卖不出去，于是又送了一本给总统。总统想奚落他，便说："这本书糟透了。"出版商听说后，又做广告说："现有总统讨厌的书出售。"结果书又卖完了。第三次，出版商将书送给总统，总统再也不作任何答复。出版商再次做广告说："现有令总统难以下结论的书出售。"结果又被一抢而空。

　　事情之所以没有固定的解决办法，是因为做事情的人是主观的，甚至是变通的。为此，我们不能基于固有的观念去做事情，否则就是刻舟求剑了。

　　遇到问题的时候，固然要想到一些比较常规的办法来解决，这叫"正兵"。但是"正兵"往往不足以解决问题，我们还需要借用一些比较独特的办法，这叫"奇兵"。"以正合，以奇胜"，解决问题也应当秉持这样的谋略。

　　无论是做事，还是说话，都要考虑一下有没有更好的办法。我们往往遵从于自己的习惯，习惯性地做事，习惯性地回答。结果习惯成为了我们的思维定势，最后也毁了我们的事业。过去十年成功的经验，未来十年可能成为我们的致命伤，我们要有这种观念。

　　我们要学会充分考虑好的办法，不要过于循规蹈矩。一些独特的办法往往能够起到意想不到的效果。

🔑 调整目标，变换方式

当一种动机屡经尝试仍达不到预定目标时，应该及时调整目标，变换方式。通过别的方法和途径实现目标，或者把原来制订的太高或不切实际的目标往下调整，改变行为方向，则有可能增加成功的概率。

1. 从困境中发现新机会

关于皮鞋的由来，据说有这样一个典故：

早期没有鞋子穿，人们走在路上，都得忍受碎石硌脚的痛苦。某一个国家，有一个太监把国王的所有房间全铺上了牛皮，当国王踏在牛皮上时，感觉双脚非常舒服。于是，国王下令全国各地的马路上，都必须铺上牛皮，好让他走到哪里，都会感觉舒服。一个大臣建议：不需要如此大费周折，只要用牛皮把国王的脚包起来，再拴上一根绳子就可以了。皮鞋由此产生了。

路的旁边也是路，如果没有创新意识，一味沿着一条路走到黑，当然有把路走烦、走厌、走绝的时候。很多时候，并不是产品难销售，是因为很多推销员认为成功只有一条路。事实上，不能成功，不是因为产品没有销路，而是人没有具有创造力的大脑，没有去发现路旁边更宽的路。

2.把困境当作增强自身能力的机遇

1989~1990年，我国经济处在调整中，银根紧缩，市场销售普遍不旺。年轻的西安杨森产品刚刚上市就面临困境。但杨森人并未坐叹自己的产品生不逢时，而是视困境为增强竞争力的机遇。凭借产品质量高、品种多、剂型全的优势，信心百倍地走向市场。

为了使自己的产品能打开销路，杨森公司设计了一个"摧其坚，夺其魁"的营销战术。他们紧紧抓住医药相连这根线，打出了"让每一个中国医生都了解西安杨森的产品"这一口号。结合我国医药市场的特点，借鉴西方市场的营销策略，形成了一套独具特色的"三角形宣传模式"。

位于"三角形"顶端的是医药界名流、权威组成的杨森科学委员会，对公司的产品、科研、管理等进行高层次的指导。在社会上，这些社会名流的推荐介绍令人可信，宣传效果远非商业性广告可比。"三角形"的中间部分，面向医务人员，特别是有处方权的中青年医生，他们知药、懂药，对药品可主动选择，直接接受。通过报刊、电台、电视台进行广泛的宣传，吸引广大消费者，便构成了"三角形"雄厚坚实的底部基础。这套宣传模式以医药界名流、权威为龙头，抓住了这一龙头，就起到了以点带面的作用，影响了社会的不同阶层，影响面之广为一般宣传形式所不及。这在树立公司良好形象、提高新产品知名度方面，发挥了积极有效的作用。

在武汉召开的全国医药订货会上，公司利用报纸、电视、路牌、车身巨幅标语、气球标语等大做广告，使西安杨森名声大振，一次订货就达1500万元。公司为新产品宣传所进行的公关活动，仅1990年就举办大型新产品宣传会51次，与会者达6400多人。召开小型医院座谈会115次，共有7400多人参加。1990年的广告费用500万元，销售收入则达到了1.89亿元。在逆境中发现商机是不容易的，但只要时刻关注市场的发展，提出切实有效的解决方法，就会打开市场，重新使企业活跃起来。

3. "绊脚石"也可以成为"垫脚石"

某个农夫的一头驴子，不小心掉进一口枯井里。农夫绞尽脑汁想救出驴子，但几个小时过去了，驴子还在井里痛苦地哀嚎着。

最后，这位农夫决定放弃。他想，这头驴子年纪大了，不值得大费周章把它救出来，不过无论如何，这口井还是得填起来。于是，农夫便请来左邻右舍帮忙一起将井中的驴子埋了，以免除它的痛苦。

农夫的邻居们人手一把铲子，开始将泥土铲进枯井中。

当这头驴子了解到自己的处境时，刚开始哭得很凄惨。

但出人意料的是，一会儿这头驴子就安静下来了。

农夫好奇地探头往井底一看，出现在眼前的景象令他大吃一惊：当铲进井里的泥土落在驴子的背部时，它将泥土抖落在一旁，然后站到铲进的泥土堆上面。就这样，驴子将大家铲到在它身上的泥土全数抖落在井底，然后再站上去。

很快，这只驴子便得意地上升到井口，在众人惊讶的表情中快步跑开了。

就如驴子的情况，在生命的旅程中，有时候我们难免会陷入"枯井"里，会有各式各样的"泥沙"倾倒在我们身上。很多时候，我们会认为这些"泥沙"是绊脚石。然而，换个角度看，它们也是一块块的垫脚石，只要我们锲而不舍地将它们抖落掉，然后站上去，那么即使是掉落到最深的井里，我们也能安然脱困。

转换思路，成功等着你

在势均力敌的市场竞争中，只有"你无我有，你有我转"的创新思维才能胜出。仅仅玩弄价格战的把戏，而对竞争的关键点没有清晰的认识，没有在战术战略上有过人的想法，结果只能失败。而学会"转换思路"，才能让你立于不败之地。

创造力是当今世界最不可缺少的能力。创造力能改进现实，书写未来。创造力要求我们换一种思维方式，进一步习惯变化。创造力不受工作时间的限制，同时也和金钱报酬无关，它的目标在于：做到不可能做到的事情，这是创造力给我们提出的最高要求。

松下幸之助说："今后的世界，并不是以武力统治，而是以创意支配。"生活中我们需要创造。创造力是让我们摆脱困境的力量，创造所要求的，是激发人的想象力，以便为明确目标作出贡献，并且使想象出来的结果能发挥作用。

1.让创造力成为自己的实力

格林伍德第一次去溜冰的时候，因为天气寒冷，耳朵被风吹得像刀割一样痛。当时才15岁的他不由得想，要是有一种专门能捂住耳朵的耳罩就好了。回去之后，他让妈妈照他的意思缝了双棉耳罩。以后他戴着耳罩出去溜冰，耳朵就不冷了。一些朋友见了，都觉得不错。格林伍德回去跟妈妈一商量，决定开始做耳罩出售，还将祖母请过来帮忙。经过几番改进，耳罩越做越漂亮。格林伍德把它取名为"绿林好汉式耳套"，并向美国专利局申请了专利。这项专利，让格林伍德很快成了百万富翁。

霍华德·海德天性爱玩，所有运动都很喜欢，但唯独害怕滑雪。倒不是他不喜欢这项运动，而是又长又笨重的滑板实在让他害怕。在一次糟糕的滑雪之后，他下决心一辈子都不去滑雪了。但在回家的路上，他突然心头一动：其实我很喜欢滑雪，只是由于滑板的问题，不得不放弃这一很有意思的活动，为什么不能改善一下滑板呢？像我这样的人一定很多，假如我能发明一种轻巧方便的滑板，想必会很有市场。于是，他花了几年时间来改进滑板，最后一举成功，不仅自己建立了海德滑板公司销售滑板，而且还转让专利。其中一家叫AMF的公司，购买他的专利后，因为生意兴隆，又赠给他450万美元。这次成功，激励了他进一步发明的愿望。他酷爱网球，却总是打得很差，原因是网球拍用起来很不科学。后来他转念一想，既然自己感觉不科学，为何不创新一番？于是，他将网球拍进行了多项改进，效果极佳，新球拍久销不衰。

我们需要创造，如果不想在墨守成规中等待失败的到来，这是最基本的条件。人类文明发展至今，依靠的正是永无止境的创新精神。

2.遇到困难多想点别的办法

阿信是日本家喻户晓的伟大女性。她早年生活极度贫困，后来经过自己的努力最终获得了成功，成为八佰伴百货公司的创始人之一。

日本战后经历了一段非常困难的时期，当时物资供应奇缺，就业机会也很少。阿信一家连一顿饱饭也吃不上。坚强的她对家人说："总会有办法的，想点别的点子吧！"

于是她开始给人做家务，顺带为镇上的人们捎带各种货物。在工作过程中，了解到为人们提供生活用品是很有利的买卖，于是她想到了自己开店铺。在家人的支持下，她的第一个店铺开张了。自然，在物资缺少的年代里，货源成了头号问题。她又对家人说："想点别的点子吧！"

她很快便想到了新点子，她组织家庭妇女制造各种适合当时人们生活需要的物品，比如鞋帽、衣物、各种厨房器具等。渐渐地，在每一次"想点别的点子"的激励下，她的店铺越做越好，她自己也成了大百货公司的老板。

　　创意人人都有，它来自右脑，适当地应用就能自然地流露。当你接受一个责任，面对一个新的困难时，只要积极地接受挑战，你的右脑就会给你一些创意。及时捉住创意，试着去思考和尝试。还要先花时间研究，了解所面临的问题，必要时请教别人，然后在你悠闲时自然会流露出创意的点子。也许是在喝茶聊天时，也许是在等车前往某处时。创造力在工作中虽然不常用到，却是员工的一项高级能力，能给你的职场身份大大加码。多用创意解决问题，它不但能给你带来成就，而且会让你感到快乐。

第四章

"合理统筹"——把事情分出轻重缓急

统筹规划，先主后次，则忙而有序；不分轻重，杂乱无章，则舍本逐末。

比尔·盖茨曾说：一个不懂得如何去经营时间的商人，那他就会面临被淘汰出局的危险。而如果你管住了时间，那就意味着你管住了一切，管住了自己的未来。

重要的事情要先做

人的时间和精力是有限的。如果你不会安排时间，不常在你的记事本上制订一个工作顺序表，你会对突然涌来的大量事务手足无措。

工作中，我们常常是这样：一会儿要复印，一会儿要接电话，一会要写个报告，报告写了一半又想起有个电话要打……这样琐碎而繁忙的一天又一天，让人几乎崩溃。

由此可见，在工作进行中必须解决的问题实在太多。如果你是老板，有些事情自然可以称作下属去做；如果你是中层管理者，也可以适当让手下分担点事情；如果你是最基层的工作人员，那也就意味着，所有事情都需要你自己来做。

1.把重要的事放在首位

博恩·崔西是美国最具影响力的演说家和成功学讲师，他是比尔·盖茨的导师，巴菲特、迈克尔·戴尔和杰克·韦尔奇都听过博恩·崔西的演讲。

博恩·崔西出身贫寒，高中没毕业就辍学了。在他二十多岁的时候，一本哲学书上的一句话深深地影响了他："人是一种善于排列优先顺序的动物。"正是这句话深刻地改变了他对成功的看法。人们对事情先后顺序的处理会直接影响到他们的绩效。

"平庸的人往往把那些容易的事情放在最前面，而优秀的人则把那些最重要的、最能带来价值的事情放在前面。所以我们经常看到两个人可能同样忙碌，但因为对事情排列的顺序不同，因此达到的成就也就大不一样了。这就是事情的区别。"博恩·崔西说。

博恩·崔西认为，一个人要想获得高绩效，就要先做那些重要而且能带来价值的事情，绩效自然就大大提高了。时间管理首要把时间花在投资报酬率最高的工作上。而一旦开始做，就要专心致志，没有100%全部完成绝不停止。如果中间停下来好几次，然后又重新开始，会使完成工作的时间增加五倍之多，因为每次都要重新"暖身"。

博恩·崔西每天工作都很忙，但他把自己的家庭生活也照顾得很好。说起自己的经验时，他说："生活就像踩钢丝绳，你必须每时每刻保持平衡，这确实不是一件容易的事情。家庭是绝对值得你投入时间的，永远不要以工作忙为借口而忽视了妻子和子女的存在。

"对于我来说，上班时间全身心投入，保持很高的绩效，这样我就能准时下班，下班之后就不会把工作带回家了。我在家看书的时候，只要妻子和子女走进来，我一定会放下书本。因为对于我来说，他们比书本更重要。"

有些人会觉得工作愈忙愈好，但是忙着琐碎的事和忙着重要的事，这中间有很大的差别。忙于琐碎的事往往会影响重要工作的进展，即使是同样花时间工作，其一分一秒的价值也完全不同。

2. 按事情的程度优先排序

根据最新的时间管理理论，我们可以把事情按紧急和重要的不同程度，分为A、B、C、D、E五类：

A类：重要且紧急的事

这些是必须立刻或在近期内要做好的工作。例如，老板要你在明天早上十点以前提出一份报告，你的汽车引擎有堵塞的情形，生产前阵痛已经到了每三分钟痛一次。

现在，除非这些情况同时出现，否则你就能够处理它们。因为它们的紧急性和重要性，要比其他每一件事都优先。如果拖延是造成紧急的因素，那么现在已经不能再拖延了。在这些情形下，时间管理就不会出什么问题了。

B类：重要但不紧急的事

对这一类工作的注意，可分辨出一个人办事有没有效率。

我们的生活中，大多数所谓重要的事情都不是紧急的，我们可以现在或稍后再做。在很多情形之下似乎可以一直拖延下去，而大多的情形下我们确实这样拖延着。这些都是我们"永远没有着手"的事情。

这些工作都有一个共同点：尽管它们具有重要性，可以影响到你的健康、财富和家庭的福利，但是你如果不采取初步行动，它们可以无限期地拖延下去。如果这些事情没有涉及别人的优先工作，或规定期限而使它们成为"紧急"，你就永远不会把它们列入你自己优先要办的工作。

C类：紧急但不重要的事

这一类表面上看起来是极需要立刻采取行动的事情，但是如果客观地审视，我们就会把它们列入次优先级里面去。

例如，某一个人要求你主持一项筹集资金的活动、发表演讲或参加一项会议。你或许会认为每一个都是次优先的事情，但是有一个人站在你面前，等着你回答，你就接受了他的请求，因为你想不出一个婉拒的回答。然后因为这件事情本身有期限，必须马上去做，于是第二类的优先事情就只好向后移了。

D类：既不紧急也不重要的事

很多工作只有一点价值，既不紧急也不重要。但是我们常常在做更重要的事情之前先做它们。它们会分你的心——它们提供一种有事做和有成就的感觉，也使我们有借口把更有益处的第二类工作向后拖延。

如果你发现时间经常被小事情占去了，你就要试一下学会克服拖延。

E类：纯属浪费时间的事

不要在上班时间去做那些纯属浪费时间的事。如果你那样做了，势必影响工作的效率。

平时工作中，我们要先做A、B类，然后做C类，少做D类，千万别做E类。

方向重于细节，策略胜于技巧。始终抓住"重要"的事，才是最优化的时间管理，最能节约时间的方法。A、B类事务多了，C、D类事务自然就少了，E类事务就杜绝了。这样你就会越来越有时间，越来越有效率，越来越没问题。如果你感到每天都在毫无章法地忙于琐事，不妨根据事情的轻重缓急，制订出一个计划来。这个计划可以每天早上来制订。先制订一个顺序表，然后再加上一个进度表，实行一段时间之后，你就会发现你的工作状况大有改观。

问题的主要矛盾要抓住

国际上有一条公认的企业管理法则，叫"马特莱法则"，又称"20：80法则"。其要旨在于将20%的经营要务，明确为企业经营应倾斜的重点方面，从而指导企业家突出重点抓管理，全力倾斜搞经营。

"马特莱法则"所提倡的，就是"有所为，有所不为"的经营方略。它将"20：80"作为确定比值，本身就说明企业管理不应面面俱到，而应侧重抓关键的人、关键的环节、关键的岗位、关键的项目。

因此，企业家要想有建树，就必须将企业管理的注意力集中到20%的重点经营要务上来。采取倾斜性措施，确保它们得到重点突破，进而以重点带全面取得企业经营的整体进步。

要弄清楚哪些经营要务属于20%中应该列为重点的工作。就一般性企业来说不外乎六个方面：重点人才、重点产品、重点市场、重点用户、重点信息、重点项目。将这六个方面的重点按占经营工作20%的比重选定下来，实施"马特莱法则"，就有了一个重要的基础。

"20：80法则"揭示了一个道理：一小部分原因、投入和努力，通常可以产生大部分结果、产出或收益。

对于个人，在做事的时候我们同样可以实施这个法则，抓住重点。一个时期只有一个重点，一次只做一件事情。聪明人要学会抓住重点，首先解决重要问题，然后解决次要问题。

用好"20：80"法则，即把精力用在最见成效的地方。

1. 把精力用在最见成效的地方

美国企业家威廉·穆尔在为格利登公司销售油漆时，头一个月仅挣了160美元。他仔细分析了自己的销售图表，发现80%的收益来自20%的客户，但是他却对所有的客户花费了同样的时间。于是，他要求把最不活跃的36个客户重新分派给其他销售员，自己则把精力集中到最有希望的客户上。这样做之后，他一个月就赚到了1000美元。穆尔从未放弃这一原则，这使他最终成为了凯利·穆尔油漆公司的主席。

我们不仅要做最重要的事，而且在做事的时候要抓住事情的主要方面去做。

2.抓住核心问题

秦穆公召见九方皋，派遣他去寻找千里马。三个月之后，九方皋回来了，向秦穆公报告说："千里马已经找到了，在沙丘那个地方。"秦穆公问他："是一匹什么样的马呢？"九方皋回答说："是一匹黄色的母马。"秦穆公派人去看，结果发现是一匹公马，而且是黑色的。秦穆公非常不高兴，"连马的颜色和雌雄都分辨不出来，又怎能知道是不是千里马呢？"伯乐听说此事，长叹一声说道："九方皋相马的本领竟然高到了这种程度！这正是他超过我的原因啊！他抓住了千里马的主要特征，忽略了它的表面现象；注意到了它的本领，忘记了它的外表。他看到应该看到的，没有看到不必要看到的；他观察到了所要观察的，放弃了所不必观察的。像九方皋这样相马的人，才是达到了最高的境界！"那匹马，果然是天下难得的千里马。

一个人对于某事犹豫不决时，会感到迷惑或彷徨，这时候，如能针对自己的目的，抓住核心问题来研究，就可以抓住事情的本质而不致出错。

事前谋划一步，事后少走弯路

做好准备工作是一切工作的前提，只有做好充分的规划和准备，才能保证事情的顺利进行。我们在每次解决问题之前，先对自己说："我是否做好了准备？我还有哪些地方没有想到？我所准备的方案是适合自己的吗？是最佳的方法吗？是否真正地切实可行？"弄清楚了这些问题，做起事来就不会因为仓促而手忙脚乱，也不会因为遗忘某个步骤而重复工作。做事之前先提前准备，既不会耽误时间，同时还会获得事半功倍的效果。

很多人因为事先没做足准备工作而匆忙上阵，走了很多弯路，经过多次的尝试和修补，才将事情沿着正确的轨道有序进行。也有很多人做事很勤奋，头脑也十分聪明，但效率很低，其原因也是缺少事前的谋划。做事勤奋是一个人的态度，而要想把事情做得妥善，还需要谋划的方法。只有把二者结合起来，才能减少失误，提高做事的效率。

凡事预则立，不预则废，前期的调查勘探十分重要。要有针对性地对问题进行分析，如果缺乏周密的计划和安排，仓促上马，很容易导致失败。只有先对问题有个清楚的了解，才能逐渐探讨出解决之道。

1. 把事情和问题先了解清楚再做

销售人员："如果这幢大楼要达到您所要求的智能化配备，您需要和几家设备及软件供应商联系呢？"

客户："五家。"

销售人员："我们公司提供的系统集成全面解决方案，包括您所需的各项硬件和软件，能妥善地使您得到更全面的服务，还能节省您很多时间和精力。"

客户："这个我知道。不过，这五家公司的产品在各自的领域都是出类拔萃的。"

销售人员："我同意他们的产品各有千秋。但是，由于他们都有各自的规格标准，容易产生互相排斥而不兼容的现象。也许还会造成软件使用上的障碍，影响以后正常使用。

客户："这种情况我们也考虑过。"

销售人员："我们可以从全局考虑，统一所有的标准和流程，确保硬件和软件都能有机地配合密切而完善。您只要与我们一家公司打交道，问题就可以全部解决了。"

客户："听起来还真是有吸引力。那你们的费用是多少？"

销售人员："费用？哦，费用，费用嘛，可能不会太低。"

客户："你说什么，到底多少钱？"

销售人员："没，没多少钱，我回去再算算。"

知己知彼，百战不殆。做事不但要清楚自己的条件和能力，还要掌握事情的方方面面才有助于事情的解决。

2. 为结果做足准备

原一平是日本著名的保险推销员高手，也是全世界排名前十大的保险推销员。他的销售秘诀之一就是：一个月有25天的时间在做准备，彻底了解顾客的背景，只有最后五天的时间去成交客户。而这五天成交的量却是全日本第一。

有一次，原一平去拜访一位董事长。他不会见面就谈买保险的事，而是在董事长家附近徘徊。当看到佣人帮董事长把衣服送到洗衣店以后，他马上跑进去问洗衣店的老板："请问一下，刚刚这套西服、衬衫、领带是不是那个陈董事长的西服、衬衫、领带？我能不能看一看？我对这个服装很有兴趣，我不知道在哪里买的，看看品牌我也想去买一套。"老板把衣服拿给他看，他看完以后跑去买到了一样的服装、衬衫和领带。

原一平利用的一个心理学效应就是：人们都喜欢像自己的人。所以他要将自己的装扮尽量跟客户接近，这样让对方觉得很亲切，没有距离感。

他穿上那套早已准备好的服装再去拜访那位董事长。董事长见面前和自己的装束一模一样的人感到十分惊讶。原一平这才表明自己的身份："我是明治保险公司的业务员，今天专程来跟您讲解有关理财的方案，只需要占用您15分钟的时间。"董事长看到这样一个很像自己的人，对他很有好感，立即热情地接待了他，最后还顺利地买了一份保险。

做事情不能不顾结果，应该事先就想到可能出现的结果，而不是等到结束后才发出感叹："这个没做好，那个没想到。如果开始这样或那样做，就不会出现这样的结果。"只有预先想到结果，并制订相应的策略，才可避免后悔。

3.收集必备的信息资源

某地气象台预测翌年春节之后，当地将出现一段持续的低温阴雨天气。有一家公司的业务部经理从该地外事部门获悉，在此期间将有几个大型外国代表团来此地游览。业务部经理头脑灵敏，把两则消息联系起来分析，从中发现一笔有利可图的生意——卖雨具。

由于这次阴雨天气属反常现象，市场的雨具销售还处于淡季，批发部门备货还不齐备。于是业务部经理连同其他人员跟踪追击信息，专门走访外事部门，详细了解来团成员的消费心理和习惯，有针对性地从外地新进了一批式样新颖的雨具。当宾客来到时正值阴雨连绵，他们热情地送货上门，数万把雨伞很快销售一空，受到旅客的好评。

一味蛮干是不行的，必须在信息资源上做好充足的准备。比如，你在销售某个商品，就要先调查有关该商品的销售市场，预测市场空间有多大，能否挖掘更广阔的销售市场。这其中包括销售地点的选择、销售方法的运用以及潜在顾客的多少，只有这些全部调查清楚了，有了完备的信息资源，市场才会有保障。

信息是一种非常重要的资源。谁先掌握了信息，谁就迈出了取胜的第一步。处理问题之前必须提前把有关的信息和资料搜集全面，了解透彻，只有掌握了一定信息，才能了解事情的过程和问题的情况。越是复杂的事情和难解决的问题，越要提前准备，做好多个方案以备应对不同步骤所出现的问题。

4. 磨刀不误砍柴工

一个在城里工作的年轻人想利用周末假期，过个悠闲的生活。于是他回到乡下老家，下田帮老父干点活儿。从除草到整理菜地，他越做越快，而且没有休息。

他父亲说："你跟城里的人走路一样，动锄动得太急太快。"

"不快点工作，什么时候才做得好？"他回答父亲。

"不对，锄就是锄，没有所谓快或慢，要平心静气地工作，要有持续的耐力，那才不会累。而且你也不能光顾低头锄地，不看锄刀啊。锋利的锄刀干起活儿来又快又好，而生锈变钝的锄刀不但用起来费力且不易斩草。你那把锄刀已经不锋利了，应该磨刀。"他的父亲告诉他。

"有磨刀的工夫还不如多斩一些草呢。锄刀钝了可以多用点力气，我还是快点把草除完。"年轻人继续费劲地干活。

结果，锄刀越来越钝，累得年轻人满头大汗，不得不听从父亲的建议，坐下来磨刀。锄刀经过年轻人的打磨，变得锋利无比，几下子就帮助年轻人把草除光了。

父亲说："这就叫磨刀不误砍柴工。"

"工欲善其事，必先利其器"。讲程序与讲效率是一致的。只有投资时间才能节省时间，才能让工作做起来更省力、更快捷。

做什么事都需要计划

做事再有方法和手段，如果没有计划性，也会手忙脚乱，顾此失彼。计划是一切工作的起点。如果没有计划，就如同大厦没有了坚固的根基。尽管说计划赶不上变化，但有了计划，工作才能有条不紊，制订计划将进一步提高我们的成功率。

古今中外，凡有所成就的人都有极强的计划观念。一个善于利用计划的人必然善于对时间进行规划。他的工作、学习、运动、娱乐、吃饭、睡觉的时间，都是经过周密安排的。一个做事没有计划的人，必然是一个浪费时间的人。

除了制订计划外，坚持计划也是最终成功的一个关键要素。根据调查结果显示，那些坚持计划的人比那些中途改变计划的人成功概率高出许多。

古人云："凡事预则立，不预则废。"制订一个周密的计划，可以在现有环境的基础上对未来的工作和发展作出一定的安排和调整，这样才能把事情办好。

没有任何东西比事前的计划更能促使你把时间更好地集中运用到有效的活动上来。你可以每周订一个计划，也可以为你的每一天订出一个大概的工作计划与时间表，尤其要特别重视你当天应该完成的两三项主要工作。

有个名叫约翰·戈达德的美国人。当他15岁的时候，就把自己一生要做的事情列了一份清单，被称作"生命清单"。在这份排列有序的清单中，他给自己定下所要攻克的127个具体目标。比如，探索尼罗河、攀登喜马拉雅山、读完莎士比亚的著作、写一本书等。44年后，他以超人的毅力和非凡的勇气，在与命运的艰苦抗争中，终于按计划，一步一步地实现了106个目标，成为一名卓有成就的电影制片人、作家和演说家。

看不到计划的重要性，进取心不足或者懒惰以及没有掌握制订计划的方法，都有可能让事先做出的计划半途而废。拟定计划很容易，但要坚持按计划执行却不是一件容易的事。所以，为了实现任务的目标，要坚持不懈地按计划一步一步地执行，这样的计划才有意义。

将目标庖丁解牛，步步细化

要想使事情办得顺利，达到我们所希望的目标，最好的方法是把目标定具体，然后在大目标下分层次地设定出每个阶段性的目标，这样按步骤地步步为营。

通常情况下，目标根据时间的长短可分为长远目标、中期目标、短期目标、近期目标。

小目标是大目标的基础。我们只要按照设定的小目标一个台阶一个台阶地努力，最终就会实现大目标。你最想做成的事情可能是需要花时间最多也是最难的事情。但是，只要你把一件大事分成小块来做，你就不会再拖延，这样你的愿望也不会受损。这个好习惯使每一个大工程都变得简单易行。

1. 设定具体的目标

26岁的时候，兰特因失业而挨饿。他整天在马路上乱走，目的只有一个，就是躲避房东讨债。

一天，他在42号街碰到著名歌唱家比尔先生。兰特在失业前，曾经采访过他。没有想到的是，比尔竟然一眼就认出了他。

"很忙吗？"他问兰特。

兰特含糊地回答了他，他想比尔看出了他的际遇。

"我住的旅馆在第103号街，跟我一同走过去好不好？"

"走过去？但是，比尔先生，60个路口，可不近呢？"

"哪里，"比尔笑着说，"只有五个街口。"

"……"兰特不解。

"是的，我说的是第6号街的一家射击游艺场。"

这话有些答非所问，但兰特还是顺从地跟他走了。

"现在，"到达射击场时，比尔先生说。"只有11个街口了。"

不多一会儿，他们到了卡纳尔剧院。

"现在，只有五个街口就到动物园了。"

又走了12个街口，他们在比尔先生住的旅馆前停了下来。奇怪得很，兰特并不觉得有多么疲惫。

比尔给他解释不疲惫的理由：

"今天的走路，你可以常常记在心里，这是生活艺术的一个教训。你与你的目标无论有多遥远的距离，都不要担心，把你的精力集中在五个街口的距离，别让那遥远的未来令你烦闷。"

我们在做事的时候，不能把目标定得太大，否则就不容易实现。目标定得太模糊遥远，很容易让人泄气，而设定实际并具体的目标，能够鼓舞人的士气，增强人的自信心。设定具体的目标有利于针对具体的目标而努力，使追求目标的行动更明确。

2. 把目标细分化

有人请教著名销售大师多尔弗先生，问他是怎样成为汽车行业最顶尖的销售人员的。多尔弗回答说："因为我会给自己定下远大的目标，并且有切实可行的实施方案。""是什么方案呢？"众人问道。

"我会将年度计划和目标细分到每周和每天里。比如说今年定的目标是3840万美元，我会把它按12个月分成12等份，这样每个月完成320万美元就好了。然后再用星期来分，320万除以4，这下子我就不用做320万元的业绩了，只要每个星期做80万元就行了。"

"80万美元还是太大，怎么办？"

"我会把它再细分下去，把它分成七等份，分出来的数就是每天需要完成的签单目标。目标要定得够大才足以令我兴奋，接着再把目标分成一小块一小块的，这样就会切实可行。"

一些人总是抱有很大的目标，想着这个月、这半年内要获得怎样的业绩，一天内要做好多少件事，却想不出办法如何实现这个目标。往往在还没有为目标努力之前，就被庞大的数字和任务压倒，最终不得不放弃或缩小目标。如果把大目标细分成小目标，再加上可行的计划，就会起到事半功倍的效果。

🔑 做好时间管理

为什么我们做事情常常感到杂乱无章，即使忙也忙不到正点上，看上去很忙碌，实际上却在浪费时间？其中的一个重要原因就是没有管理好自己的时间。

没有时间管理的概念，就会让我们陷入盲目、忙乱、盲从的状态。缺乏工作计划的人，经常把时间花在一些无关紧要的事情上，而最应花时间的任务却因时间不够而无法完成。有拖拉习惯的人因工作不能按时完成而拖拉，因做事犹豫不决而拖拉，因过分地追求完美而拖拉。另外，如果把时间花费在热衷于请客吃饭、谈天说地、煲电话粥、与客户沟通不得要领、不会拒绝干扰等上面，也会让事情难以在规定的时间内完成。

做好时间管理，是保持做事高效性的必要条件。把时间用在重要的问题上，不做无意义的事，不在同一问题上耗费精力，不和浪费自己时间的干扰者有过多的交流等，都是可以节约时间的。养成管理时间的好习惯，你就可以用全新的角度看待生命中的每一秒，不再轻易浪费一点时间。只要是浪费时间的事情，统统拒之门外。

时间管理包括三个核心问题：第一，什么事情是必须做的；第二，如何看待他人；第三，如何对时间实施统筹规划。有时做事，我们会发现事情多如牛毛，过去的事情和现在的事情都挤在了一块。一闭上眼睛，脑海中就浮现出这件或那件事，数也数不过来。有人会丢掉一些事不做算了，有人会让一些事草草了结，和没做差不多。有人会加班加点，筋疲力尽地一件件做完这些事。怎样才能把事情都做好，并且是秉着"要做就做最好"的原则呢？要解决这个问题，我们需要统筹规划时间和精力。

1.做好时间管理，有助于实现你的成功

著名美国作家杰克·伦敦的房间里，有一种独一无二的装饰品，那就是床头上、窗帘上、衣架上、柜橱上、镜子上、墙上……到处贴满的各色各样的小纸条。杰克·伦敦非常偏爱这些小纸条，几乎和它们形影不离。这些小纸条上面写满了各种各样的文字，有美妙的词汇，有生动的比喻等五花八门的资料。

杰克·伦敦从来都不愿让时间白白从眼皮底下溜过去。睡觉前，他默念着贴在床头的小纸条；第二天早晨一觉醒来，他一边穿衣，一边读着墙上的小纸条；刮脸时，镜子上的小纸条为他提供了方便；在踱步、休息时，他可以到处找到启动创作灵感的语汇和资料。不仅在家里是这样，外出的时候，杰克·伦敦也不轻易放过闲暇的一分一秒。出门时他早已把小纸条装在衣袋里，随时都可以掏出来看看，想一想。

有效的时间管理，就是一种追求改变和学习的过程。一天只有24小时，你可以过得很从容，也可以过得凌乱不堪。时间管理的第一个原则是：对每一件事都要尊重，包括对休闲的尊重。时间是可以掌握的，"没有时间"绝对不是借口。善于安排时间的人，永远不会喊"忙"，因为他知道自己要做的事是什么。

2.记录你的时间花费情况

被誉为"现代管理之父"的彼得·德鲁克曾经对他所做过的研究进行了描述：他请管理者将自己怎样使用时间的情况写下来，又请人记录这些管理者是如何使用时间的。一个公司总裁十分肯定地告诉研究者，根据他的个人习惯，他将自己的时间分为三个部分，并且将它们分别自如地用在公司高级管理人员、重要客户及地区社会活动当中。研究的实际记录花费了六周的时间，得到的结果是：这位总裁把大部分时间用在了调度工作上，随时了解他所认识的客户的订货情况，还为他们的订货打电话给工厂。一开始，他本人对这些记录无法相信其真实性，但在很多次看到类似记录之后，他终于承认："关于时间的使用问题，现实

要比想象可靠得多。"

时间管理就是记录你的时间是怎么被花掉的。当然这种记录绝不是一个一次性任务，为了确保整个时间管理过程的顺利进行，为了了解最新的时间使用情况，我们还可能需要不断地重新做记录。比如，一个月可以抽出一天的时间来专门记录当月时间的使用情况。

3. 有的事情并不是非做不可的

查理夫妇来找比尔·盖茨，向他请教一些家庭管理的问题。他们夫妻养育了七个孩子，家里又忙又乱，太太一天忙到晚都忙不过来，变得脾气暴躁，心情很坏，身体和精神都濒临崩溃。那位先生呢？他回家就好像是上战场，感受不到半点儿家庭乐趣。

比尔·盖茨告诉那位先生说："你们的困难症结是因为你太太的工作太过劳累，她出尽全力也做不清家务。你雇个佣人帮她吧！"

据比尔·盖茨所知，他们家庭的经济状况很不错，别说雇一个佣人，就算两三个也不成问题。

当他向夫妻二人提出这个建议时，立刻遭到了查理太太的反对："不行。我不许别人来照顾我的丈夫和孩子。"

比尔·盖茨耐心地向她做说服工作，反复向她解释说她现在没有能力照顾他们，讲得率直点，她正在折磨她所爱的人。

后来，夫妻二人接受了比尔·盖茨的建议，雇了个佣人——太太轻松多了，丈夫得到了安慰，孩子们也快乐了。

对我们来说，最重要的是要让自己清楚地知道什么是重要的、必须做的任务。一个成功的时间管理者，他的高明之处还在于，不仅能很好地安排自己的时间，而且还能够有效地遵守工作时间，不让任何一个计划或时间表变得毫无价值。

🔑 做好规划，事情水到渠成

很多人都羡慕一些成功人士具有运筹帷幄的本领，做事临危不乱，有条不紊。其实并不是这些人有着与生俱来会处理事情的能力，只是他们善于将事情做好规划。

不要小看规划这个环节，它在很大程度上影响着是高效率做事还是在浪费时间。同样的工作量，一样的任务，同样多的问题，善于做规划的人总是能够把事情做得完美圆满，看上去似乎很轻松就把问题解决了；不会做规划的人，不但会耗费很多的时间，甚至还会把事情弄得一团糟。

运筹帷幄才能决胜千里，"未出茅庐而知天下将三分"，我们虽然不能像诸葛亮那样会神机妙算，但事先做好规划，应该成为做事的准则。

无论你是经营生意还是安排日常生活，都应该把物资管理得清洁整齐，把账目记得清清楚楚——这是最重要的一件事。那些把什么事都弄得乱七八糟的人，终有一天要跌倒。有时候我们习惯把事情随随便便搪塞一下了事，从不想应该怎样做得更好。遇到不得不放下手中的事情时，不管事情已经做到了哪里立刻顺手抛开，等着回来后继续再做。这样的做事方法自然不会有好的清晰的结果。

对时间情有独钟的比尔·盖茨，在和友人的一次交谈中说："一个不懂得如何去经营时间的商人，会面临被淘汰出局的危险。而如果你管住了时间，就意味着你管住了一切，管住了自己的未来。"

如果你开车去一个不熟悉的地方，会不会因为先不问路或不带地图而失去方向，浪费大量的时间？时间管理专家认为，每次花少许时间去预先计划，收效将会十分显著。事先花十分钟筹划，事中就不必花一个钟头去想该做些什么事。

1.把事前规划当成一种习惯

肯特·雷特在迈阿密州的退伍军人医院疗养，他的时间很多，但是除了读书和思考之外，能做的事情并不多。他懂得思考的价值，他对自己充满信心。

肯特知道很多洗衣店在烫好的衬衣里加上一张硬纸板，以防止变形。他得到一个灵感，写了几封信向厂商洽询，得知这种硬纸板的价格是每千张四美元。他的构想是，在硬纸板上加印广告，再以每千张一美元的低价卖给洗衣店，赚取广告的利润。

肯特出院后，立刻着手进行，并持续着每天研究、思考、规划的习惯。

广告推出后，肯特发现客户取回干净的衬衫后，衣领的纸板丢弃不用。

他问自己："如何让客户保留这些纸板和上面的广告？"答案闪过他的脑际。

他在纸卡的正面印上彩色或黑白的广告，背面则加进一些新的东西——孩子的着色游戏、主妇的美味食谱或全家一起玩的游戏。有一位丈夫抱怨洗衣店的费用激增，他发现妻子竟然为了搜集肯特的食谱，把可以再穿一天的衬衫送去洗了！

肯特并未以此自满。他雄心勃勃，要让自己的事业更上一层楼。他把每千张一美元的纸板寄给美国洗衣工会，工会便推荐所有的会员采用他的纸板。因此，肯特有了另外一项重要的发现，给别人你所喜欢的美好的事物，你会得到更多！

缜密的思考和规划为肯特带来了可观的财富。他认为一段独立思考规划的时间，是招徕财富必要的投资。

不要误以为马不停蹄才是效率，不要认为思考是浪费时间。经常用一些时间来思考及规划，将有意想不到的效果。如果你多费一点时间和精力，把你的事情做出一种结果，把你的东西收拾放好。当你将来要继续完成未完成的事时，要找出某样东西时，真不知要省去多少时间和精力，更不知要避免多少无谓的纠纷与烦恼。

2.事情顺理成章，结果就会水到渠成

一个小村的村长经常为村民的饮水问题犯愁。为了从根本上解决这个问题，村长决定对外签订一份送水合同，这样可以解决村民的饮水问题。

张小虎和孙强二人看到了通知，于是便前往这个小村子，找村长签了一份合同，从此二人就担当起了为村里送水的任务。

张小虎得到这份工作以后非常高兴，决心把这份工作做好。于是，他立刻行动起来，买了两只大木桶，每日奔波于一公里以外的湖泊和村庄之间，从湖泊中打水并运回村庄。为了挣钱，他起早贪黑地工作，很快就赚到了一笔钱，心里甚是欢喜，在心里打算着再赚到钱以后要为自家添些用品。

孙强没有像张小虎那样拼命地挑水、送水，而是做了一份详细而周密的商业计划。一个月后，孙强去小村附近一个比较繁华的镇上请了一支施工队，目的是请他们建造一条水渠，将一公里以外湖泊里的水引到小村庄。为了完成这项商业计划，孙强花费了一年的时间，终于将水渠修建好了。

竣工典礼上，孙强向村民承诺，他的水一定比张小虎的水干净，而且量也比张小虎的充足，一天24小时都可以源源不断地为村民提供用水，同时价格比张小虎的低25%。村民们高兴地相互转告着。大家知道后，纷纷表示要从孙强的管道上接水龙头。

孙强的商业计划慢慢实现着，并且逐渐扩大。他想，像这个村庄一样缺水的村庄一定还有很多，于是他开始向周围的村庄推销他的快速、大容量、低成本并且卫生的送水系统。

就这样，孙强的送水系统形成了，他每送出一桶水就赚一毛钱。他每天能送几十万桶水，一天天积累下来，即使他不工作，几十万人都在使用着他的水。因此，大量的钱都流入了他的银行账户。

俗话说，万事开头难。第一步走的方向往往决定了接下去事情的进程。人做事都是有惯性的，此刻的决定和表现决定了下一刻的状况。因此，做事要会观全局，无论大事小事，都应有头有尾，有棱有角，把事做得完整。

🗝 未雨绸缪，防患于未然

在思考第一步该怎么走的时候，就是我们需要对事情做全面筹划的时候。比如说，我们要去办什么证件，出门前就要想好该带上什么，办证需要的证明和其他东西，这需要把整个过程都了解了才能作出判断。出去旅游或做其他事，我们在不知将来会发生什么的情况下，第一步应该尽可能地做得完善。

虽然我们无法控制事情的发生，但我们可以做足充分的准备来减少和避免损失。在解决任何问题之前，准备得越充分，对自己越有利。

成功人士在行动前总要把目标方向了解清楚，不主张贸然行动。所以，他们的成功率较高。我们也应该在处理事情之前先做好周密的准备，广泛收集各种可能派上用场的资料，甚至他人的身世、嗜好和性格特点，使自己无论处在何种局面均能从容不迫地应对。

1. 万事俱备，办事一帆风顺

一位青年苦恼地找到智者，说自己曾经豪情万丈地树立了很多目标，可是几年下来，依然一事无成。他找到智者时，智者正在烧水。

青年看见墙角放着一把极大的水壶，旁边是一个灶台，可是没发现柴火。智者对青年说："你先帮我烧壶水吧。"青年在外面拾了一些柴火，装满一壶水，往灶台内填了一些柴火烧起水来。可是水壶太大，柴火全部烧光了，水还没开。于是青年跑出门外继续捡拾柴火，等找到了足够的柴火回来，却发现那壶水已经凉了。后来青年学聪明了，他不再急着点火，而是再次出门找了更多的柴火，由于柴火准备得充足，水很快就烧开了。

这时智者问："如果没有足够的柴火，你该怎样把水烧开？"

青年想了一会儿想不出来答案。智者说："可以把壶里的水倒掉一些。"

青年若有所思，智者接着说："你开始踌躇满志，树立了过多的目标，就像这个大壶装的水太多一样，而你又没有足够的柴火，所以不能把水烧开。要想把水烧开，你或者倒出一些水，或者先准备足够多的柴火。"

青年顿悟。回去后，他把计划中的目标删掉了一些，只留下最近的几个，同时又学习了一些专业知识，几年后，他的目标都实现了。

我们只有像这位青年一样，准备好自己用来解决问题的"柴火"，才能把问题解决好，实现目标。

2. 用材之前先选材

有一天，国王在大臣的陪同下，来到马棚视察养马的情况。

见到养马人，国王关心地询问："马棚里的大小诸事，你觉得哪一件事最难？"养马人一时难以回答。

其实，养马人心中是十分清楚的：一年365天，打草备料，饮马遛马，接驹钉掌，除粪清栏，哪一件都不是轻松的事！可是在君王面前，怎能一一数出来呢？

站在一长排拴马的栅栏旁，有个大臣环视一周，便代为答道："从前我也当过马夫。依我之见，编排用于拴马的栅栏最困难。为什么呢？因为在编栅栏时所用的木料往往曲直混杂。你若想让所选的木料用起来顺手，使编排的栅栏整齐美观，结实耐用，开始的选料就显得极其重要。如果你在下第一根桩时用了弯曲的木料，随后你就得顺势将弯曲的木料用到底。像这样曲木之后再加曲木，笔直的木料就难以启用。反之，如果一开始就选用笔直的木料，继之必然是直木接直木，曲木就用不上了。"

提前做好准备，避免日后更改和返工的麻烦，应是我们做事时养成的良好习惯。在工作和解决一个难题之前就把所需的资料和工具准备齐全，并且优先使用最好最方便的工具和资源，避免一边做事一边寻找可利用的资源。这样不仅可节约很多的时间，也能提高做事的效率。

3. 事后控制不如事中控制，事中控制不如事前控制

有位客人到某人家里做客，看见主人家灶上的烟囱是直的，旁边又有很多木材。客人告诉主人说，烟囱要改曲，木材须移去，否则将来可能会有火灾。主人听了没有做任何表示。

不久，主人家里果然失火，四周的邻居赶紧跑来救火，最后火被扑灭了。于是主人烹羊宰牛，宴请四邻，以酬谢他们救火的功劳，但是并没有请当初建议他将木材移走、烟囱改曲的人。

有人对主人说："如果你当初听了那位先生的话，今天就不用准备宴席，也没有火灾的损失。现在论功行赏，原先给你建议的人没有被感恩，救火的人却是座上客，真是很奇怪的事呢！"主人顿时醒悟，赶紧去邀请当初给予建议的那个客人来吃酒。

俗话说："预防重于治疗。"能防患于未然，更胜于治乱于已成之后。事后控制不如事中控制，事中控制不如事前控制，不要等到错误的决策造成了重大的损失才寻求方法去弥补。弥补得好，当然是声名鹊起，但更多的时候是亡羊补牢，为时已晚。所以，面对问题，最重要的莫过于提前做出正确的判断。

第五章
"对比联想"——开启智慧之门

创造性地解决问题，理想的方案也能变成现实。

哲学家康德说："每当理性缺乏可靠的论证思路时，类比这个方法往往指引我们前进。"

类比联想是进行创造活动的常用方法。它用最直接、最形象、最简便的方式给我们带来某种启发，让我们从对比和联想中发现灵感，激发潜能，拥有创意。

联想是灵感的火花

联想是灵感的火花，联想思维是创造性解决问题的基础。

联想思维就是人们通过一件事情的触发而迁移到另一件事情上的思维。创造起联想的心理机制和思维，能够帮助我们锻炼创新思维，用更多的办法解决问题。联想思维主要有三种类型：相似联想、对比联想和接近联想。

每个人都是一个具有创造性的个体，可以通过联想使自己变得更加成熟，或者更充分地发挥围绕在自己身边的创造性能量，这种能量是你在任何时候都可以无限汲取的。

英国著名的哲学家、思想家、科学家培根有一句名言："类比思维支配发明。"类比思维和联想是紧密相连的，只有有了联想才能有类比思维，不论是寻找创造目标，还是寻找解决的办法都离不开联想的作用。

我们必须提高联想能力，学会联想方法，特别是掌握相似联想，这是运用类比思维的重要条件。

1. 联想思维让你转败为胜

在美国的一个小镇上，有一位在市场上卖香蕉的小贩。由于他人缘特别好，再加上他所卖的香蕉品质上乘，所以生意一直非常好。有一天，市场的一个角落突然冒出了火苗，四处燃烧起来，还好消防车来得快，很快把火扑灭了。火苗并没有烧到这位卖香蕉小贩的摊位，但是由于温度过高，隔了没多久那些香蕉的表皮上全都长满了黑色的小斑点。虽然香蕉肉质并没有变坏，但是看起来总是不雅，谁还会买来吃呢？

小贩眼看着就要亏本，心中十分懊恼。问题既然发生了，总是要解决的，他相信一定会有办法。所以趁市场重新整修之际，他换了个地方继续卖香蕉，原来那批有黑点的香蕉他想了一个法子来促销，结果竟然销售一空了。

原来当他一筹莫展望着香蕉的时候，突然灵感闪现，他想香蕉上长满了黑色小斑点，远远看去就好像芝麻撒在香蕉上一样，既然如此，为什么不给它取个"芝麻蕉"的新名称呢？结果这引起了大家的好奇，大家相信这种香蕉一定是更香更甜，所以争相购买。

在竞争激烈的市场经济下，创意深化了竞争。创意使竞争进入了智慧的层面，加入了浓厚的文化意识。竞争方法的选择和时机的把握，都需要我们创造性地思考。而这一切的实现，联想思维的运用起到了至关重要的作用。

2.善于发现，做生活的有心人

企业家王某从20世纪80年代就涉足商界，很长一段时间他都与失败为伴，十分苦恼，然而他从不停止思考。有一天，他决定到北京找一位很欣赏他的某部部长，想争取一个项目。

这天，正好部长感冒在家休息。王某问其患感冒的原因，部长苦笑道："由于昨晚比较冷，看电视时为了暖和，就躺进被窝里，不时钻出来调换频道。如此几个来回，就感冒了。"部长又说，"要是我们的电视机有个让人躺进被窝里就能调换频道的东西多好？"

当时中国普及的国产黑白电视机，还没有遥控器。王某听了一愣，瞬间他觉得一个极具市场潜力的商机就在眼前。他放弃了找一个项目的念头，而是说："我回去马上着手研发生产电视机遥控器。"这一想法得到了部长的赞许和大力支持。

就这样，王某很快研制成功了中国自己的电视机遥控器，获得了巨大的商机。遥控产品源源不断地涌来利润，王某不但还清了以前所有的欠款，并开始向彩色电视机、影碟机领域进军。如今他已经成为中国最著名的企业家之一。

做生活中的有心人，人人都可能成为成功者。为此，我们应有一双善于发现的眼睛，有了生活触动时，不妨也想一想这是不是商机？有没有开发的价值？如果有，就立即行动起来，钻研下去，说不定你就会创造出一种产品，一个市场。

3. 灵感创造商机

费涅克是一名美国商人。在一次休假旅游中，小瀑布的水声激发了他的灵感。他带上立体声录音机，专门到一些人烟稀少的地方。他录下了小溪、小瀑布、小河流水、鸟鸣等声音，然后回到城里复制成录音带高价出售。想不到他的生意十分兴隆，尤其买"水声"的顾客川流不息。费涅克知道许多城市居民饱受各种噪音干扰之苦，却又无法摆脱。这种奇妙的商品，能把人带入大自然的美妙境界，使那些久居闹市的人们暂时忘却尘世的烦恼，还可以使许多失眠者在水声的陪伴下安然进入梦乡。

你的构想很可能和别人的一样，或者你现在所想的事，别人早就做过了，你可以向前辈请教请教。若你得到的答案是"从前没有人做过"，那就表明这是一个值得做的计划；若别人告诉你"这以前好像有人做过"，那你应该先参考别人所做的，再拟定方案。敢想别人没想过的，你就是最先进入这个新领域的人，就这一点绝对是与众不同的。

🗝 处理事情应多比较

类比思维方法是解决陌生问题的一种常用策略，它让我们充分开拓自己的思路，运用已有的知识、经验将不熟悉的问题与已经解决了的熟悉的问题或其他相似的事物进行类比，从而创造性地解决问题。

1. 从比较中得出经验

有一名青年，在美国某石油公司工作。他的学历不高，也没什么特别的技术。他在公司做的工作，连小孩都能胜任，就是巡视并确认石油罐盖有没有自动焊接好。

石油罐在输送带上移动至旋转台上，焊接剂便自动滴下，沿着盖子回转一圈，作业就算结束。他每天如此，反复好几百次地注视着这项作业。

没几天，他便对这项工作厌烦了，他很想改行，但又找不到其他的工作。他想，要使这项工作有所突破，就必须自己找些事做。因此，他更加集中精力观察这一焊接工作。

他发现罐子旋转一次，焊接剂滴落39滴，焊接工作便结束。他努力思考：在这一连串的工作中，有没有什么可以改善的地方呢？

一次，他突然想：如果能将焊接剂减少一两滴，不是就能够节省成本了吗？

于是，他经过一番研究，终于研制出"37滴型"焊接机。但是，利用这种机器焊接出来的石油罐，偶尔会漏油，并不实用。他不灰心，又研制出"38滴型"焊接机。这次的发明非常完美，公司对他的评价很高，不久便生产出这种机器，改用新的焊接方式。

虽然节省的只是一滴焊接剂，但这"一滴"却替公司带来了每年五亿美元的新利润。

这名青年就是后来掌握全美制油业95%实权的石油大王——约翰·D.洛克菲勒。

"改良焊接机"改变了洛克菲勒的人生。他成功的关键在于：他特别注意普通人会忽略的平凡小事，从比较中发现别人所未见的智慧。只有善于比较的人才能做到"人有我新"。

2. 在比较中求进步和创新

美国佛罗里达州有一位生活潦倒的穷画家，名叫利普曼。他画的画总是没有多少人欣赏，即使卖出去了也得不到几美元。因此，他连一日三餐都难以维持，绘画的工具简陋不堪，仅有一块旧画板及一支削得短短的铅笔。

有一天，利普曼正专心致志地绘画，要修改时却找不到橡皮擦。他好不容易找到一块橡皮擦后，又不知道把铅笔放到何处了。他找得满头大汗也没找着，自然恼火了。后来，他从中吸取教训，把橡皮擦与铅笔用丝线缚在一起，这样可以避免两者分离难找。但这种方法不牢固，使用一会儿橡皮擦就掉了下来，很不方便。

利普曼决心弄好这块橡皮擦，想了多种方案，几天后终于想出一种妥善的方案。他剪下一块薄铁片，把橡皮擦和铅笔末端绕包起来，再压两道浅渠，两者就连接得很紧了，使用时再也不会掉了，这给绘画带来了很大的方便。

这件看来微不足道的事情却给利普曼带来了一个发大财的机会。他想：今后生产的铅笔都能带橡皮擦，定会受画家和广大学生的欢迎。他越想越觉得此事很有前途，应该把这一项"创造"申请专利。

利普曼向亲戚借来几十美元到专利局办理申请手续，很快得到确认，不久雷巴铅笔公司就买了这项专利。利普曼一下子获得了55万美元专利费。

成功者之所以成功，恰恰就在于他们能从比较中发现一些非常细微的地方，进而研究出令人耳目一新的东西。

超出常规才是上等策略

战场上形势复杂多变，常会出现意想不到的事件。一个指挥官的成功，并不在于按规则或典范来照搬照抄，也不在于对作战原则的因袭套用，而在于根据具体的情况采取不同的作战方针。

蒙哥马利认为在战场上每种情况都必须被看作一个全新的问题来研究,并做出相应的新对策。要不受常规或传统的约束和限制,突破条条框框,制订出合乎实际的合理而有效的战略方针。

在就任第八集团军总司令之初,蒙哥马利为鼓舞士气,成功地指挥了阿拉姆哈勒法山战役。在这次战役中,他在三个方面采取了机动灵活的手段,突破了常规。首先,他摆脱了英军沙漠作战的传统,在战役前对坦克进行了正确的部署,并在战役中对坦克实施了严格的控制;第二,他认识到制空权的重要性,改变了陆空军互不联系的传统,主动与空军合作,使陆军与空军为同一计划同心协力,紧密配合,在整个战役中牢牢掌握了制空权;第三,他大量使用火炮,给敌人造成了较大伤亡。

就任第八集团军总司令前,蒙哥马利了解到隆美尔的精锐部队是装甲部队。要击败隆美尔,第8集团军必须拥有一支装备完善、训练有素的装甲军。蒙哥马利深知当时的第8集团军远不具备这个条件,他在作战计划中给隆美尔的非洲军团设置了一个陷阱,使他无论采取什么样的进攻方法,第八集团军都能将他堵住。他严格地控制坦克的使用,并将不同意这种作战方针的第七装甲师师长伦顿撤换。因为在蒙哥马利视察南翼阵地时,与伦顿就隆美尔即将发动的攻击交换了看法,伦顿执意坚持要解决的唯一问题是:由谁率领装甲部队向隆美尔发起攻势,他认为自己可以充担此任。但蒙哥马利不准备利用坦克发起攻击,而要让隆美尔的装甲部队撞上来。两人争执良久,蒙哥马利认为伦顿头脑僵化,不能理解他的作战原则,于是决定将伦顿撤职。

蒙哥马利的前任忽视陆军和空军的相互配合,各级指挥官也未认识到空军在战斗中的重大作用,陆军与空军似乎互不相干,相互联系也比较少。蒙哥马利在制订作战计划时,注意到空军的重要作用,让陆空军联合作战,紧密配合。在全面计划中,他将空军作为一个重要的因素。在战斗中,当隆美尔被困时,英国空军的飞机以密集的队形对其轮番攻击，实施"地毯式轰炸"。大编队的轰炸机对德军的装甲纵队进行无休无止的空袭，卡车、运兵车和坦克都成为空袭的目标。更为重要的是，特德派遣他的惠灵顿式轰炸机轰炸了隆美尔用以发动攻击的后方基地托布鲁克，使隆美尔得到补给的最后希望破灭，不得不决定停止攻击。隆美尔不得不感慨道："谁要是被迫同完全掌握了制空权的敌人作战，即使他拥有最新式的武器，也将像原始人同现代欧洲军队对阵一样，处境十分艰难而绝无胜利的可能。"

同时，蒙哥马利还以空前集中的方式使用炮兵，集中火力从各方面对敌人进行射击，使敌装甲车和各种非装甲车辆损失惨重。在英格兰，蒙哥马利曾进行用无线电同时指挥大量火炮射击的试验。在这次战役中，他将试验付诸实践，集中火力炮击隆美尔的军队。

在阿拉曼战役中，蒙哥马利又一次超越常规，制订并实施了超越平常作战原则的计划。当时，一般公认的作战原则是：在战役计划中应首先着眼于消灭敌人的装甲部队。一旦敌人的装甲部队被消灭了，敌人的非装甲部队就很容易对付。

蒙哥马利分析了当时的情况，认为第八集团军的装甲部队的训练水平还不高，不能够保证干净利落地迅速突破，并在"轻步"计划所要求的坦克大决战中居于优势地位。因此，他提出了一个不同的作战原则：先消灭敌人的非装甲部队，暂不打装甲师，留待以后再收拾他们。根据这个原则他改变了原来的"轻步"计划。蒙哥马利这个反常规的原则遭到了许多人的反对，首相丘吉尔深为阿拉曼战役担忧，他发来电报指出："发明坦克的本意是为了在敌人机枪火力的威胁下，替步兵开辟道路，现在却要步兵来为坦克开辟道路。在我看来，这是一项非常艰巨的任务，因为火力已经大大加强了。"一些部属军官也对这种改变固有原则的举动能否赢得成功感到怀疑。蒙哥马利全然不理会这些抱怨，果断而坚决地将作战计划付诸实施，最终赢得了胜利。

蒙哥马利在强渡莱茵河的战役中也采用了超越常规的办法，并取得了圆满的结果。1945年3月，在南起瑞士北迄北海的漫长战线上，盟军逼近莱茵河。蒙哥马利将强渡莱茵河的战役作为最终打败德国人的开端来设计，为第21集团军群强渡莱茵河进行了精心的筹划。按常规，要发动地面进攻，必须首先使用空降部队作先导。蒙哥马利根据当时具体情况，决定反其道而行之，将常规颠倒，首行使用两栖坦克支持步兵发动袭击，而后出动空降部队。为了使这个反常规的计划得以顺利实施，蒙哥马利进行了一系列准备。首先，他将渡河地段选择在莱茵河下游威塞尔附近。为确保强渡莱茵河万无一失，他运用诈敌术，在伪装的掩护下，将大量的人员、装备秘密运送到沿河一线。当时秘密囤集了11.8万吨的各种各样的供应物资，13.8万吨的弹药。发动进攻前的一周内，662辆坦克、4000辆装甲运输车和3.2万辆的其他车辆的大部分都在夜间进入了阵地。皇家海军的36艘登陆艇也通过欧洲大陆的公路运到了前线。所有这一切都经过精心伪装，使敌人无法察觉。

同时，蒙哥马利检查了部队的后勤状况，发现情况良好，汽油、武器和粮食供应均充裕，部队健康状况极佳，发病率平均每周每千人不到6.75人。战前，蒙哥马利发布了致第21集团军群全体官兵的信，分析了当时的情况，认为"敌人自以为莱茵河天险难渡，能保其安全，我们也承认这是条天险，但我们要让敌人看到，这决不能保障他们的安全，我们这支由陆空军组成的强大的盟军战斗部队，将毫不犹豫地攻克这一天险"。

3月23日，蒙哥马利以美第9集团军为右翼，英国第2集团军为左翼，准备突破30英里的河防。当晚十点半，3500门大炮向莱茵河对岸轰击，两百多架轰炸机轮番投掷了1000吨炸弹，然后，四个师开始强渡莱茵河。24日凌晨，空降作战行动开始，运载空降部队的有飞机1500多架，滑翔机1300多架，还有889架战斗机护航。在空降目标地区的上空，另有2000多架战斗机组成一道防御屏障，阻挡德国空军的偷袭，近万名伞兵按照指示，有条不紊地陆续降落，占领威塞尔附近的重要据点，并迅速会合已经渡河的地面突击队，扫荡残敌，德军防线迅速崩溃，盟军从此开始向德国本土挺进。强渡莱茵河，是蒙哥马利作为一个统帅的光辉杰作，也是在他指挥下忠诚战斗的部队的壮举。这次战役，充分体现了蒙哥马利的谋略，欺骗计划与稳扎稳打水乳交融，同时更为重要的是不困于常规，不受过去作战方略的束缚，根据具体情况，采取机动灵活的谋略，确立相应的合乎实际的战术手段，以赢得胜利作为最终的目标。

蒙哥马利说过："在作战中，指挥的艺术在于懂得没有一个情况是相同的。每个情况必须当作一个全新的问题来研究，做出全新的答案。"

不妨找个参照物

类比思维是一种主动的开拓思维。当要解决某个问题而又思路枯竭的时候，就可以通过类比的方法，直接寻找与本问题相似或对应的参照物，这样可以减少凭空想象的不足。比如借助蝙蝠的飞翔原理，进行超声波定向的发明等等。

寻找类比的参照物，前提是要知道解决方法具有哪些值得借鉴的特点。

生活中有很多的困惑和难题都可以用参照物类比的方法解决，对平常司空见惯的现象进行类比思考，我们同样能创造出奇迹。

1. 用参照法"比"出差距

有位同学家境不错，零花钱多，他经常请客喝酒，浪费金钱，虚掷光阴。班主任王老师有一次撞见了正在餐馆里喝酒的这位同学，本想对他大吼一顿，但还是忍住了，只嘱咐他课间操时到办公室来一趟。课间时，这个同学来到办公室，王老师指着办公桌上的一瓶咸菜对他批评道："你知道二班的赵志吧！他是省级三好学生，成绩好、能力强，他家里很穷很穷，父母体弱多病，两个妹妹也在读书。他每个星期就是吞咽着这样的伙食，努力学习，积极上进的。你呢？扪心自问一下，想想你是否珍惜了你的好条件？"在对比中，这个同学终于认识到自己有好条件不珍惜是不对的，从此发奋努力。

选择身边熟悉的事物作为对比对象，更容易引起对方的重视，同时还有一种亲近感和现实感，不至于让人觉得与己无关。

高与低，大与小，优与劣，美与丑，善与恶，人生中道德、素质、品性、天资等方面的差距在对比中可以立见分晓。而在对比中，被"比"出差距的人会认识到自己的不足，迎头赶上，奋起直追。

2. 在差距中认清和提升自己

1981年8月12日推出的第一台PC-5150，标志着IBM个人电脑时代的来临。当IBM依靠先进的科技与成功的品牌战略逐渐成长为拥有数十万员工的"蓝色巨人"时，其经营中的弊端也逐步显现。由于公司过分强调以技术领导市场而忽略了客户的真正需求，加上长年的成功，使得高傲、自大的情绪逐渐弥漫于整个IBM企业文化中。人们开始不满IBM的专横，他们害怕IBM的垄断和"黑暗统治"。此时，苹果公司在推出Macintosh的"1984"电视广告中，利用了人们这种心理，将IBM比作残酷的"老大哥"，它暗示IBM就是人类身边的梦魇，正企图以那巨大的、压迫式的资讯专制势力奴役人类。

IBM这种错误的企业文化终于使自己付出了惨重的代价。到了20世纪90年代，全球经济开始不景气。1992年，IBM亏损高达49.7亿美元，这是美国历史上最大的净亏损。当IBM陷入危机时，实力不断增强的竞争对手几乎都毫不留情地把矛头对准了这个没落的巨人，以攻击IBM来突显自己的实力。如Dell和Compaq公司都推出直指IBM产品质量和服务落伍的攻击性比较广告，Compaq公司还将IBM设定为广告策略的敌手，制订了一个针对IBM的进攻计划，以强化其市场推广运动。IBM陷入了四面楚歌的困境。

面对竞争者的凌厉攻击，IBM痛定思痛，没有以相应的攻击行为还以颜色，而是表现了惊人的谦让，一改以往狂妄自大的形象，认真地从竞争者的攻击广告中寻找自身的弱点，并加以改正。

1993年4月，罗·郭士纳成为IBM的CEO后更是将客户摆在最重要的位置上。针对IBM品牌信息混淆不清、广告代理关系异常混乱的现象，1994年5月24日，他决定将IBM全球广告业务全部交予有"品牌管家"之称的奥美代理。这也是广告史上规模最大的一次业务转移。IBM除了需要奥美广告公司具备全球范围的业务网络和经验以外，还特别要求奥美能够使IBM品牌在全球范围内具有完整一致的新特性——低调、平易、技术领先、虚怀若谷和源源不断的活力。

在奥美的策划下，1994年12月起IBM推出了"修女篇""阿拉伯的摩洛哥人篇"等一系列的电视广告，开始了IBM新的"四海一家的解决之道"广告运动，重新塑造IBM新的品牌形象。在"四海一家的解决之道"的广告运动的作用下，IBM的利润创下了新高，与上年相比利润增长24.5%，终于摆脱了"即将成为化石的大恐龙"形象，那个脚步沉重的蓝色巨人一去不复返了。

IBM的成功在于它没有被竞争者的攻击性广告所激怒，没有把时间和精力耗费在无聊的对骂中，而是虚心地从比较广告中找到自身的弱点，进行全面革新，凭着自己的终极理念"IBM就是服务"重新崛起，以行动给了对手一个掷地有声的回应。正因为IBM公司愿意并且有能力解决用户提出的各种各样的要求，才使得人们恢复了对IBM的信心。

站在"巨人的肩膀上"

利用已有的成功经验，避免走被证明是错误的岔路，站在巨人的肩膀上不仅看得更高，也能走得更稳，走得更远。每个领域都有巨人，站在巨人的肩膀上推陈出新，是聪明人的做法。

洛克菲勒对儿子说:"一个人要成功,当然需要不断地行动与积累经验。然而得到经验最快的方法,就是向一些成功者询问,请他们给你一些建议,请他们告诉你,你做对了什么,做错了什么,或让他们用他们的智慧指导你,这样比你看任何书籍都要有效。"

1.在旧有的基础上更新换代

1949年以前,世界钢笔市场曾被"派克笔"所占领。由于派克公司的钢笔最负盛誉,又有新"自来水笔"的推出,所以,该公司发展到二十世纪四五十年代正是高峰期。然而,匈牙利人拜罗兄弟发明了圆珠笔,打破了派克公司一统市场的局面。由于圆珠笔实用、方便、廉价,一问世就深受广大消费者的欢迎,使得派克公司大受打击,身价也一落千丈,派克公司濒临破产。

该公司欧洲高级主管马科利认为,派克公司在圆珠笔的市场争夺中犯了致命错误,不是以己之长,攻人所短;反而以己之短,攻人所长。于是,他筹集了足够的资金,买下了派克公司,跟着立即着手重新塑造派克钢笔的形象,突出其高雅、精美和耐用的特点,使它从一般大众化的实用品成为一种高贵社会地位的象征。

从这样的战略思想出发,派克公司采取了两项战术措施。首先,是削减了派克钢笔的产量,同时将原来的销售价格提高30%。其次,增加广告预算,加强宣传以提高派克钢笔作为社会地位象征物品的知名度。

英国女王是英联邦的元首,其所有物品无不显示其地位的高贵。其用品的商标及生产厂家也被打上了高贵的烙印。马科利深知这一点,他煞费心机,再三努力,使派克钢笔获得了伊丽莎白二世御用笔的资格。方向对了,措施得力,马科利的战略目标实现了。

以实用为标志的派克钢笔逐渐淡出市场,新的派克钢笔以名贵、装饰为标志的形象诞生了,这就是推陈出新。

2. "站在巨人的肩膀上"解决问题

一位名叫斯蒂夫·迪蒙的美国人将其首创的名为"丝绸"的豆奶品牌打进了

美国竞争激烈的大众饮料市场。细说起来这真是一个营销奇迹。

对斯蒂夫·迪蒙来说，将豆类产品的健康信息传递给千家万户的难度一点也不小。但是，功夫不负有心人，二十多年来，斯蒂夫始终坚信这种表面光滑如蜡、在亚洲已经成为最普通食品的绿色豆类产品，确实有着超越其他物品的营养价值，美国人最终一定会看中其营养健身功效的。后来，"丝绸"豆奶产品果真一炮打响，成为这个产品类别中首屈一指的品牌，这种地位甚至超过了所有的牛奶品牌。

而斯蒂夫·迪蒙还远没有满足。他认为这只是小小的起步，真正长期的目标是他要用豆奶取代牛奶，将牛奶从人们的日常生活中抹去。

那么，斯蒂夫究竟是用怎样的方式去瞄准牛奶市场这个庞然大物，又准备用怎样的方式去将牛奶一点一点地挤出白色饮料这个市场呢？斯蒂夫的成功就如同那些得了奖的科学家最常用的一句谦辞："我是站在了巨人的肩膀上。"斯蒂夫就是在牛奶供应和经销巨头们的帮助下进入了这个市场，而且逐步盘剥、寸土必夺地获得了自己的市场。

他的"丝绸"豆奶品名中有"豆"有"奶"，直接和牛奶竞争。1998年，斯蒂夫做了一个常人都没想到的决定，那就是他和美国国内最大的牛奶加工制造商迪恩食品公司成了合伙人。最终在2002年将自己在科罗拉多的名叫"白色浪涛"的191人的公司连锅端地卖给了这家位于达拉斯，拥有美国国内十几大牛奶品牌的公司。

这样令人大跌眼镜的结合给了"丝绸"宝贵的全国范围的商店货架空间，从通常超市的健康食品货柜的犄角旮旯一跃而进了奶制品货柜，将牛奶的市场占有量逐步吞噬。

不过，斯蒂夫仍不满足于目前的成功。他准备将公司在豆奶市场上的成功方法和经验迁移到其他产品上去，第一个就是一系列全新的即食豆腐产品。他还准备第一次为"丝绸"豆奶推出全国性的电视广告，将"丝绸"豆奶推广到外国市场。

成功者的经验为我们的发展和创新提供了很好的借鉴作用，向成功者学习并在成功的基础上再创新高，就实现了超越。站在巨人的肩膀上实现飞跃，是一个学习的过程，也是一个不断积累经验的过程，利用成功的"巨人"的肩膀，可以为我们的成功助一臂之力。

3.革新来自伟大的想法

几十年前，一位青年住在美国犹他州的首府盐湖城，靠近大盐湖。

他是一个勤勉的人，工作非常努力，生活非常节俭，所有的朋友都对他的良好习惯赞不绝口。然而有一天，他做了一件反常的事，使得许多人都怀疑他的判断是否明智。

他从银行里取出了全部积蓄，一共有四千多美元，到纽约市汽车展销处买了一部新车。在人们看来，仅此似乎还不足以显示他的"愚蠢"。当他把新车开回家后，就把车开进车库里，顶起四个车轮，动手拆卸汽车，一件一件地拆，直到整个车库摆满了七零八落的汽车零件。他仔细检查了每个零件，然后又把汽车装好。人们觉得他简直发疯了，而他却不止一次，而是多次拆卸汽车，再把汽车装好。大惑不解的人们开始嘲笑他了。

几年后，那些嘲笑过他的人不得不改变看法，并已深信不疑——他有过人的见识。这个反复动手拆装汽车的青年就是沃尔特·T·克莱斯勒。他开始制造汽车了，他的产品领导了整个汽车工业，他在汽车这个领域里还做了许多有价值的改进和革新，他成功了。

所有成功的故事皆始于一个伟大的想法，这个想法滋养着人的信念。成功意识把一个极普通的青年推入正在成长的汽车工业浪潮中，并且把他高高地推到浪尖上，使他用新观念领导了整个领域。

"类比联想法"帮你创造奇迹

无论遇到什么样的困难或危机，只要你认为你行，你就能够处理和解决这些困难或危机。对你的能力抱着肯定的想法，就能发挥出积极的力量，因而产生有效的行动，直至引导你走向成功。

爱迪生曾经说过："如果我们做出所有我们能做的事情，我们毫无疑问地会使自己大吃一惊。"每个人都有巨大无比的潜能，只是有些人的潜能已经苏醒了，有些人的潜能还在沉睡。任何成功者都不是天生的，成功的根本原因是开发人的无穷无尽的潜能。只要你抱着积极的心态去开发你的潜能，你就会有用不完的能量，你的能力就会越用越强，你离成功也会越来越近。

1. 充分利用好奇心

日本横滨市居民富安宏雄因身体不适躺在床上辗转难眠。他很想睡觉，不愿意再想令人不快的事情。但因经济情况每况愈下，他心情烦躁，难以入眠。床边的火炉烧着开水，被缕缕白色水汽冲着的水壶盖子不停地"吧嗒吧嗒"地响着，好像是故意打扰他。

气恼之下，富安拿起床头柜上的锥子用力向水壶掷去，不承想，那锥子刺中了水壶的盖子，定定地立在壶盖上，没有滑落下去。奇特的是，水壶"吧嗒吧嗒"的声音立时停了下来。富安感到很惊异，顿时睡意全无。

充满好奇心的富安这时不想睡了。他觉得一切的苦恼和混乱都消失了，好奇心让他开始在床上大动脑筋。他亲自做了好多次试验，最终证实有个小孔的盖子在水开了的时候就不会发出声音。

他想："我要把这项新创意好好利用，尽量让它开花结果才行！"他抱着病躯奔走了一个多月，终于被明治制壶公司以2000日元买下了他的专利。当时的2000日元，相当于现在的一亿日元。

许多人的好奇心都只是一闪而过，并没有成为事业上的原动力。实际上，我们应该善用这个天赋，让好奇心成为求知与创造力的来源。

2.幻想成就财富梦想

越战期间，美国好莱坞曾经举办过一场募捐晚会，由于当时民众的反战情绪比较强烈，募捐晚会以一美元的收获而收场。在这次晚会上，一个叫圣迪尔的小伙子一举成名，他是苏富比拍卖行的拍卖师，这唯一的一美元就是他募得的。在晚会现场，他让大家选出一位漂亮姑娘，然后由他来拍卖这位姑娘的吻。最后，他终于募到了难得的一美元。当好莱坞把这一美元寄往越南前线的时候，美国的各家报纸都进行了报道。

这无疑是对战争的嘲讽，多数人都把它当作一个笑料。然而德国的猎头公司却发现了这位天才，他们认为圣迪尔是棵摇钱树，谁能运用他的头脑，必将财源滚滚。于是日渐衰落的奥格斯堡啤酒厂重金聘请他为顾问。1972年，圣迪尔移民德国，受聘于奥格斯堡啤酒厂。在那里，他果然不断地产生奇思妙想，甚至开发出美容啤酒和沐浴用啤酒，这使奥格斯堡啤酒厂一夜之间成了全球销量最大的啤酒厂。

圣迪尔最引人注目的举动是在1990年，他以德国政府顾问的身份主持拆除柏林墙。这一次，他让柏林墙的每一块砖都变成了收藏品，进入全世界两百多万个家庭和公司，创造了城墙售价的世界纪录。

我们身边总有一些喜欢幻想的人，他们对任何事情都喜欢提出一些看上去不合逻辑的奇思妙想，他们的想法常常被当作笑料传播。不过，就在大家的笑声中，他们却获得了成功。所以，千万不要轻视和嘲笑你身边那些喜欢幻想的人，说不定哪一天，他们的异想天开会变成摇钱树。

第六章

"从反面着手"——
让你出奇制胜

　　逆向思维法可以让习惯性思维解决不了的问题迎刃而解。
　　我们在遇到困难时，如果正面的路子行不通，不妨试着反向前进，从相反的方面抵达正面的目标。我们还可以突破惯性思维，打破常规，悖于正常的逻辑思维和行为习惯，从反面入手，出奇制胜。

逆向思维，让销售变成大师

任何时候凡是能用逆向思维来解决的问题，都有可能产生新的方法，出现新的转机和成功的机遇。这对销售人员来说尤为重要。

思维有规律可循，按部就班，在市场与产品开发方面比较容易落入俗套，难以获得一个较大的突破。只有"求奇"与"创新"，这样开发的产品才容易有所突破，容易引人注目，最后获得出奇制胜的效果。

1. 限量销售

芬克女士的公司是专门制作女式服装的公司。每年她都要推出几十款新式服装，但在数量上控制较严，这是她的一条计策。

芬克根据西欧女士喜欢高贵典雅与活泼为一体的晚礼服、夏装等时装的特点，创造出了组合时装。为抓住顾客追求时髦的心理，她把晚礼服新款式分为八组，每次推两组，选准换季推出新服装的机会，隆重而热闹地登场。然而，每组新服装只有一两百套，隔两个月再推出另一批服装，数量一样。以这种布控出台的次序，市场上总见新款而不见现货、存货，吊足追求时髦的顾客的胃口，造成供不应求的现象。直到布控时间结束，服装才进行减价出售。

芬克推行这一销售策略是让顾客真正体会到自我体系的名牌服装不仅花样款式多，而且数量少，像精品屋中的小摆设一样，过了展销期，就很难找到相似的款式了。因此，芬克设计的时装价格再贵，对其情有独钟的女士也不会吝啬那些钱。这就是芬克销售成功的秘密。

"某某品牌新款汽车限量登场"，"某某时尚内衣限量上市"，看多了这样的广告，人们不禁要问，这些商家为何要对产品进行限量上市，这不是自己给自己设置发财障碍吗？营销专家认为，限量销售实际上是一种高明的营销方式，它不仅不会影响生产商的利润，相反还能为商家赢得更多的商机。

2. 以异胜常

日本著名风景区热海市有一家名为新赤尾的观光旅馆。在1979年，该旅馆接待观光游客15万人，营业额为29亿日元，利润超过三亿日元。这个业绩在日本同类型旅馆中是没有能与其相比肩的。

新赤尾旅馆的老板赤尾藏之助被称为是一位"和常识唱反调"的经营者，他突破了经营观光旅馆的常识并竖起了自己的旗帜。其突出表现有如下几个方面。

第一，尽量延长游客每天的住宿时间。

传统的观念认为，缩短每天每位游客的住房时间，可以充分提高客房使用率而取得较佳的经济效益。但赤尾藏之助却反其道而行之，他宣布——凡是住进新赤尾旅馆的游客，每日进房时间为上午八点，退房时间为次日上午十点。这样，游客花24小时的住宿费，便可享受26小时的服务。这样做的结果是，吸引了大批游客，使该旅馆不管是在淡季还是在旺季，生意都很兴隆。

第二，适当控制人数，优先向全家旅行的游客服务。

一般的旅馆老板认为，旅馆客房应该全部满员。所以，各家观光旅馆，大多数愿意为人数较多的团体游客服务，而把人数较少的全家外出旅游的游客放在次要地位，为此，许多旅馆常常不惜折价招徕团体游客，以保证客房的高住客率。对此，赤尾藏之助不以为然。他的观点是：游客们到风景区观光旅游，是为了尽情享受优美的自然景色和旅馆安逸舒适的生活。因此，新赤尾旅馆并不像其他旅馆一样，千方百计吸引团体游客，即使接待，也尽量控制人数。

正是由于赤尾藏之助能打破常规，在经营上采用了奇特的招数，才使得新赤尾旅馆不仅能同任何对手竞争，而且一直充满生机，稳步发展。

在商战经营中，采取别人意想不到的甚至想都不敢想的策略，一招制胜，才能赢得商战胜机。

3. 从小处着手

巴黎的一条街上，有三家裁衣店，名气都不小。为了吸引眼球，招揽更多的生意，三家裁衣店的老板先后在自己的店铺前亮起一块广告牌。

当时，最先挂出的广告牌上，醒目地写着这样的大字："本店拥有巴黎最好的裁缝"。

另一家老板见了，生怕掉身价，当即挂出一块同样大小的广告牌，上书：本店拥有法国最好的裁缝"。

见此，人们以为第三家裁衣店的老板一定会挂出有这样内容的广告牌："本店拥有世界上最好的裁缝"。

不料，那老板却来了个思路大颠覆，不但没有往大吹，而是朝小处说，他亮出的是一块貌似普通却极为绝妙的广告牌："本店拥有这条街最好的裁缝"。此广告牌一亮相，立马招来一片喝彩声。

当人们竞相比较自己的高明战术时，如果出其不意地从反方向入手，更能赢得精彩。与其大而空地吹嘘张扬，反倒不如小而实际的实惠更让人觉得亲切和真诚。

🔑 反过来想问题

面对相同的困境，头脑愚笨的人只会直线思考，而脑筋灵活的人能够改变思考方式，从反面入手，从而获得成功。

改变思考方式，处理问题的方式就会变得多起来，而困境和难题是客观存在的，不会随着思维的转变而发生变化。所以，困境改变不了，但脑筋可以灵活运转；问题变化不了，思维可以从多角度出发。

杰克曾经因为几个大学生登山迷了路而访问某位登山专家，其中有这样一个问题："如果我们到了半山腰，突然遇到大雨，应该怎么办？"

登山专家说："应该向山顶走。"

"为什么不往山下跑呢？山顶的风雨不是更大吗？"杰克怀疑地问。

"往山顶走，风雨固然更大，却不足以威胁你的生命。向山下跑，看来风雨小些，似乎比较安全，但却可能遇到山洪暴发而被淹没。"登山专家严肃地说，"对于风雨，逃避它，你只有被卷入洪流；迎向它，你却能获得生存的机会。"

面对强大的困难，我们常常选择躲避或绕道而行，却不知道有时候迎难而上，结果可能会见到另一番天地。

有时候正话反说比直面陈述更有力

正话反说就是"说反话"，即修辞学中的"反语"。这种劝说方法一般多用在上级对下属的批评性劝说中。

正话反说法实际上是一种嘲讽性的劝说术，它表面上所提的事物并非本意，而本意是暗含着的另一事物。

正话反说的最大特点是在严厉而善意的嘲讽性的反话中找出其中规劝自己的"正意"。运用此法要注意两点：一要不露声色，不露痕迹；二要摆正"正话"与"反说"的关系，巧妙圆滑地将"正话"包藏于"反说"之中。这样当对方意识到这是"反话"的时候，他已被你的"反话"所征服了。

用正话反说的方式，以委婉或含蓄取得合适的说话角度，可以达到比直言陈说更为有效的说服效果。它是口才艺术中的迂回术。

1. 正话反说多用在批评中

冯玉祥将军一向生活俭朴，看不惯那些喜穿奇装异服的部下。有一次他在军营中看到了自己的姬副官长，突然恭敬地行了一个军礼，姬副官长大为惶恐不安。冯玉祥笑着解释说："我不是向你这个人行礼，我是朝你这双新袜子行礼。你这双舶来品袜子，价值好几块银圆，使我肃然起敬啊！"姬副官长顿感十分羞愧，在场的其他官兵也深受教育，以后都不再买那些昂贵的洋货了。

将严肃庄重甚至激烈的言语变成赞美对方的言语方式，让对方接受劝说。虽没有直接表明或直接批评，但却能让受批评者从中自省自悟。这就是正话反说的目的。

2.委婉地正话反说，让对方接受意见

战国时，楚国有一位能言善辩的人名叫优孟。他善于在谈笑之间劝说国君。楚庄王有匹爱马，楚庄王看重这匹马远远超过人。他为马披上锦绣的衣服，将它养在华丽的房舍里，马站的地方设有床垫，并用枣脯来喂它。可是，马因为吃得太好太多，不久就患肥胖病死了。楚庄王非常难过，下令全体大臣给马戴孝，不仅准备给马做棺材，还要用大夫的礼仪来安葬马。

群臣对楚庄王的做法都非常反对，纷纷上书劝楚庄王别这样做。然而楚庄王对群臣的劝说十分反感，并下令说："谁再敢对葬马这件事进谏，格杀勿论！"

迫于楚庄王的淫威，群臣们都不敢再进谏。优孟听说这件事后，马上来到殿门，刚步入门阶就仰天大哭。楚庄王见他哭得这么伤心，觉得很惊奇，问他为什么大哭。

优孟说："这匹死去的马是大王最疼爱的，楚国是堂堂大国，用大夫的礼仪来安葬，礼太薄了，一定要用国君的礼仪来安葬它。"

楚庄王听到优孟不像群臣那样拼死劝谏，而是支持他的主张，不觉喜上心

头，很高兴地问道："照你看来，应该怎样办才好呢？"

"依我看来，"优孟清了清嗓子，慢吞吞地说，"以雕工做棺材，用耐朽的樟木做外椁，以上等木材围护棺椁，派士兵挖掘墓穴，命男女老少都参加挑土修墓，齐王、赵王陪祭在前面，韩王、魏王护卫在后面，用牛、羊、猪来隆重祭祀，给马建庙，封它为万户城邑，将税收作为每年祭马的费用。"说到这里，优孟才将话锋一转，指出了楚庄王隆重葬马之害，"这样，诸侯听到大王对死马的葬礼如此隆重，都知道大王认为人卑贱而马尊贵了。"

这么一点，的确点到了楚庄王葬马的要害，一个统治者竟会"贱人而贵马"，必然为世人所厌弃。问题到了这样严重的地步，不能不使楚庄王大为震惊，说道："寡人要葬马的错误竟到了这么严重的地步吗？那该怎么办才好呢？"

优孟说："请让我为大王用葬六畜的办法来葬马吧：用土灶作外椁，用大锅作棺材，用姜枣作调味，用木兰除腥味，用禾秆作祭品，用火光作衣服，把它葬在人的肚肠里。"于是，楚庄王听从优孟的劝谏，派人把马交给掌管厨房之人去处理，不让此事传扬出去。

优孟采用的办法就是正话反说，不直接说出自己的意思，而是从相反的方向委婉含蓄地表达自己的意愿，让楚庄王接受。

3. 正话反说，劝谏很有效

齐国有一个人得罪了齐景公，齐景公大怒，命人将这个胆大包天的人绑在了殿下，要召集左右武士来肢解这个人。为了防止别人干预他这次的杀人举动，他甚至下令："有敢于劝谏者，定斩不误。"文武百官见国王发了这么大的火，谁还敢上前自讨杀头之冤。晏子见武士们要对那人杀头肢解，急忙上前说："让我先试第一刀。"众人都觉得十分奇怪，晏相国平时从不亲手杀人的，今天怎么啦？只见晏子左手抓着那个人的头，右手磨着刀，突然仰面向坐在一旁的齐景公问道："古代贤明的君主要肢解人，你知道从哪里开始下刀吗？"齐景公赶忙离开座席，一边摇手一边说："别动手，别动手，把这人放了吧，过错在寡人。"那个人早已吓得半死，等他从惊悸中恢复过来，真不敢相信头还在自己肩上，连忙向晏子磕了三个大响头。

晏子在齐景公身边，经常通过这种正话反说的方法，迫使齐景公改变一些荒谬的决定。比如，有一次一个马夫杀掉了齐景公曾经骑过的老马，原来那匹马生了病，久治不愈，马夫害怕它把疾病传染给马群，就把这匹马给宰杀了。齐景公知道后，心疼死了，就斥责那个马夫，一气之下竟亲自操戈要杀死这个马夫。马夫没想到国君为了一匹老病马竟会杀自己，吓得面如土色。晏子在一旁看见了，急忙抓住齐景公手中的戈，对景公说："你这样急着杀死他，使他连自己的罪过都不知道就死了，我请求为你历数他的罪过，然后再杀也不迟。"齐景公说："好吧，我就让你处置这个混蛋。"晏子举着戈走近马夫，对他说："你为我们的国君养马，却把马给杀掉了，此罪当死。你使我们的国君因为马被杀而不得不杀掉养马的人，此罪又当死。你使我们的国君因为马被杀而杀掉了养马人的事，传遍四邻诸侯，使得人人皆知我们的国君爱马不爱人，得一不仁不义之名，此罪又当死。鉴于此，非杀了你不可。"晏子还要再说什么，齐景公连忙说："夫子放了他吧，免得让我落个不仁的恶名，让天下人笑话。"就这样，那个马夫也被晏子巧妙地救了下来。

很多时候，正话反说可以放大荒谬，让人更为明白地见到荒谬的真面目，从而达到更好的劝谏效果。

在日常交谈中，总会有一些让我们不便、不忍或语境不允许直说的话题，这时候如果从相反的角度深入，使语意软化，就会操纵听者的认同感。

在待人处世中，采用正话反说的方法，让自己的舌头打个弯，也许就能使本来很困难的交往变得顺利起来，让听者在比较舒坦的氛围中接受你的意见。

4.正话反说，给无理者以回击

一家酒店有一位优秀服务员名叫陈慧莲。有一天她当班时，来了几个小青年冲着她说："你就是陈慧莲小姐吗？我们想看看你究竟漂亮不漂亮！"

对方无礼的语言明显是挑衅。怎么办？破口大骂？不！陈慧莲微笑着说道："很遗憾，我长得并不漂亮，和普通人一样。今天你们几位的光临，倒为酒店增添了色彩，我感到很荣幸。"

几个人刚才还得意扬扬，这时却卡了壳，半天说不出话来，赶紧规规矩矩地点了菜，低头就餐。饭罢之后，陈慧莲按礼节送他们出去，走到门口停住步子，微微躬身道："欢迎你们再来。现在风大，小心着凉。"暗示他们个个光着膀子的无礼。

后来，这几个人再来酒店时，个个西装革履，再也不像过去那样无礼了。

服务员采用正话反说的技巧表现出了不卑不亢的凛然之气，然后将话题一转，用尊敬的语言反衬出对方的无礼，又暗示对方的无礼语言为酒店增添了不协调的气氛，整个语言于反话之中带着正面的指责，具有很强的打击力。

对于一些无理取闹的人，有时不能从正面去直接交锋，从反面用说反话的方式可以让对方既不失面子，又悟到你的愤怒、不满，往往知趣而止。

🔑 逆向思维，变废为宝

在现实生活中，人们在解决问题的时候，常常遇到难以突破的瓶颈，这是因为人们常常喜欢用惯性思维来看问题，或者只从一个角度看问题。如果换个角度，用逆向思维考虑问题，情况也许会大有改观。

逆向思维能够变废为宝。有时人们觉得有意义、有价值的东西从另一角度看可能派不上用场，但是反过来想也未必是一无是处。逆向思维的好处就是变不利为有利，让人们看到其中的价值和利益。

在当今社会，有利的时机可能会变为不利的因素，不利的条件也可能变成有利的机遇。要实现从不利向有利的方向转化，就要善于运用逆向思维法。

1. 总会有"卖点"，化劣势为优势

在日本一个偏僻的山区里，有一个小山村因山路崎岖，几乎与世隔绝，几十户人家仅靠少量贫瘠的山地过日子，生活极为贫苦。

全村人虽然想脱贫致富，却一直苦于无计可施。

一天，村里来了一位精明的商人。他感到这种落后的本身就是一种可贵的商业资源，便向村里的长者献了一条致富的计策。

于是，长者马上召集全村人，对村民们说："如今都是什么年代了，咱村的人还过着和原始人差不多的生活，我深感内疚和痛心！不过，大都市里的人过着现代化生活的时间长了，一定会感觉乏味。咱不妨走回头路，干脆过原始人的生活，利用咱的'落后'，出卖这'落后'，定会招来许多城里人。咱们呢，也可借此机会做生意赚钱。"这一计谋博得了全村人的喝彩。

全村人便开始模仿原始人的生活方式，在树上搭房，披兽皮，穿树叶纺织的衣服。不久，那位商人便向日本新闻界透露了他发现了这个"原始人"小部落的秘密，立即引起了社会各界的轰动。

从此，成千上万的人都慕名而来，参观者络绎不绝，众多的游客为部落带来

了可观的财富。有经营头脑的人来了，他们修公路，造宾馆，开商店，将这里开辟为旅游点。小山村的人趁机做各种生意，终于富裕起来了。

过了若干年，这里的居民白天上树已成为一种职业，晚上回到地面，脱掉兽皮做的衣服，穿上现代时髦的服装，住进建筑在景点外围的豪华住宅里，过上了现代生活。

这则故事告诉我们仔细研究自身特点，化劣势为优势是多么的重要。相反，如果抱着劣势不思进取，现状是不可能有所改变的。

这一思维方式被称为"缺点逆用思维法"。利用事物的缺点，将缺点变成可利用的条件，化被动为主动。

2. 可以逆流而上

美国有一个收藏家在收藏初期经常"一掷千金"收藏名品。过了一段时间，他开始资金周转不灵，如果他想要继续收藏这些"名品"，还要出大价钱，后面肯定就要和银行、高利贷借钱。但是这个收藏家换了条路，他开始收藏名家的"劣画"。事实证明了他是一个非常有眼光的人，这些劣画不仅便宜，而且容易收集，短短一年他就收集了三百多幅。大家一定在想，劣画有什么用呢？能卖出去吗？

答案是肯定的。

这位收藏家开始在各大报纸上刊登广告，他决定举办一期名家劣画大展，目的是让人更珍惜名画，更好地辨别名画。这个画展空前成功，四面八方的人赶来，争先恐后地去参观他们所仰慕的大师们的劣画，更有人不惜重金把画买回。这位收藏家也名声大噪，成为收藏界的知名人士。

3.逆向思维将困境化顺境

在动物园的露天舞台上，一个头戴绒球帽的红鼻子小丑角正在要宝。忽听背后传来一声令人丧胆的巨吼。他回头一看，身后竟然是一只大狮子，那猛兽是从舞台旁边的狮子笼里溜出来的。

台下观众惊叫着,朝园区大门奔跑,这只狮子凶性大发,在人群中追逐,连着伤了许多人,直到园区警察跑来,持枪射死了狮子,才使这场可怕的意外事件平息下来。

这时,大家发现那小丑角不见了。他的同事惊呼:"天啊!难道他被狮子给活生生地吞啦!"大家四处寻找,最后终于找到了他。

原来,当大家往大门外跑时,他却反方向往狮子笼里跑。人们发现他时,他正在关着门的狮子笼里美美地睡大觉。

俗话说:"最危险的地方也是最安全的地方。"在困境面前运用逆向思维,有可能困境也会成为一种有利的条件。

🔑 与其强攻，不如智取

《史记·孙子吴起列传》记载：公元前353年，魏国围攻赵国都城邯郸，赵国向齐国求援，齐威王派田忌、孙膑带兵救赵。孙膑没有直接进兵邯郸，而以重兵围攻魏国的都城大梁，使魏军不得不回兵救大梁，赵国之围自解。

"围魏救赵"是三十六计中的胜战计之一，是军事战争中的一个成功策略。它告诉我们这样一个道理：攻击敌军的强盛部位，不如攻击敌军的薄弱部位。而把这一思想拓展提炼运用于商业竞争中，也是普遍有效的。直接与对手最强的部分交手，即便是能取得胜利，也要劳师动众。采取迂回的方式，脑筋换一下，可能就会事半功倍。

1. 不受牵制地回答问题

某外国记者与某国外交官有这样一次问答：

记者："我想知道针对这一问题贵国所能采取的最后措施是什么？"

外交官："请阁下相信，我们最终会解决这个问题的。我有点担心的是，如果贵国的反政府运动继续发展下去，贵国政府是否仍有维持现行统治的能力？"

如果要拒绝别人的回答，可以不受对方提问的牵制，不跟在后面去回答问题，而是采取攻势，提出最令对方头痛的另一个问题，使其陷入自顾不暇的窘境，不得不放弃原来的计划。

在问答中，外交官先把记者提出的问题搁置起来，提出另外一个最令某国记者头痛的国内反政府运动问题，使其陷入无法回答的困境。这样，某记者提问所造成的攻势自行瓦解，而他也就无须对原来的问题作出任何回答了。

2. 从对方的薄弱环节入手

多年来，美国和日本在经济领域里的竞争非常激烈。当日本的资本大规模侵入美国时，美国柯达胶卷公司却悄悄地打进了日本，争夺实力雄厚的日本富士公司的市场。

远在1899年，具有一百多年历史的柯达公司已开始垄断日本市场。但在第二次世界大战后，为了使满目疮痍的日本能尽早恢复经济和重振民族工业，柯达公司和许多外国企业一样被迫迁出日本。此后40年中，富士胶卷公司取得了很大进展，占据日本70%的市场，并积极向海外拓展。同时，富士公司还在包括美国在内的世界各地显示出咄咄逼人之势。

1985年，柯达公司总部开始意识到富士方兴未艾的猛烈攻势已威胁到自己的生存，决定予以反击。日本是世界最大的胶卷市场，柯达公司决定"以其人之道还治其人之身"，打入日本本土。于是，柯达公司急忙赴东京开办分公司，并进行大规模投资，共达500万美元。在销售方面，它借助日本人的力量，把销售业务包给大阪一家大商业公司，结果推销工作极为顺利。柯达公司还进行多方投资，柯达日本分公司向与自己业务有关的企业进行投资，或合并，或吞并，充分利用日本的人力和财力，扩充自己的实力。柯达公司还广泛地进行了促销宣传，正当富士致力于海外扩张时，柯达公司花了相当于它们两倍的广告费，在日本各地大做广告。特别是在1988年汉城奥运会时，它资助了日本体育代表团，赢得了日本人的好感。

经过五年多的努力，柯达产品在日本的销量上升了六倍，1990年营业额竟高达13亿美元。这样的成绩来之不易，因为它是在对最强大的地头蛇富士公司的排挤下取得的。

不久，大意失荆州的富士公司只得从海外把一部分最精明的人员调回日本，准备与柯达进行更为激烈的争夺战，最终减轻了日本富士公司对柯达的美国市场及其他世界市场的压力。柯达公司采用的"围魏救赵"市场策略就此获得了空前的成功。

两强相争必定难分胜负，此时如果趁对方不备攻其软肋，从对方的薄弱环节入手，可以转败为胜。攻其弱点，躲避直面相争，是逆向思维常用的技巧。

3.解决"借据"问题的奇招

伊朗有个商人叫阿水，为人厚道，乐于助人。有一天，服装商人木加来拜访阿水，阿水热情地接待了他。酒足饭饱之后，木加仍然不走。问起近况，木加叹口气说："哎，有了现成的生意，却缺少本钱！"

阿水关心地问："缺多少钱？"

木加开口就要2000金币，阿水慷慨地答应了。木加马上写了借据，拿了钱，千恩万谢地回家了。

过了几天，妻子询问借钱的事，要看借据。阿水翻箱倒柜，找遍了整个屋子，借据踪迹全无。俗话说，害人之心不可有，防人之心不可无。妻子便提醒阿水："没有了借据，万一将来木加赖账怎么办？"阿水心里也有些着急。

第二天，阿水去找好友拉斯列丁帮忙想个办法。拉斯列丁问道："木加借钱的时候有没有外人在旁边呢？"

"没有。"阿水摇头。

"借钱的期限是多久呢？"拉斯列丁又问。

"一年。"阿水伸出一个指头。

拉斯列丁略一思索，便说道："有办法了。你马上写封信给木加，催他尽快归还你的2500金币。"

阿水不解地问："我只借给他2000金币呀！"拉斯列丁笑着说："我忠厚的朋友啊，你必须这样写才行！他不会犯傻地真还你这么多的金币，肯定会复信给你，说他只欠你2000元金币。这样一来，你手头不就有证据了吗？"

阿水回家后，照此办理。果然，三天后，木加回信说，他只借去了2000金币，阿水在家以逸待劳，重新又得到了木加的借据。

遇到不利的境地，千万不要慌张。办法总是有的，只要你肯动脑筋，总能化险为夷。

反面求证，互为因果

互为因果的反面求证法也是一种逆向思维的运用。任何事情都是互为因果的，我们可以从原因知道结果，也可以从事情发展的结果推出导致这种结果发生的原因。

1. 从问题的结果推出导致问题的原因

美国的第一任总统华盛顿，向来是美国人民的骄傲。他从小就天资过人，少年时在家乡的一些事被人们广泛地传颂着，有口皆碑。

有一次，华盛顿的邻居遭偷，损失了一些衣服和粮食。村长召集村民开会，村民们你一言我一语，讨论了好久也想不出一个破案的办法。华盛顿把村长拉到一旁，悄悄对村长说："从偷窃东西的时间来看，小偷一定不出本村。"

村长惊奇地问："你有什么办法破案吗？"

华盛顿说："有。您只要如此这般就行了。"

晚上，村长召集村民们到麦场上，说是听华盛顿讲故事。那晚，月光皎洁，星星明亮。华盛顿开讲道："黄蜂是上帝的特使，它有一双明亮的大眼睛，能够辨别人间的真伪、善恶，乘着朦胧的月光飞向人间……"华盛顿忽然停了一下，猛然大声喊道，"我找到小偷了，小偷就是他，就是他！他偷了普斯特大叔的东西，黄蜂正在他帽子上兜转转，要落下来了，落下来了！"

人们互相观望着，互相去看对方的头。那个做贼心虚的小偷不知是计，慌忙地伸出手想把帽子上的黄蜂挥开⋯⋯其实，哪有什么黄蜂？！华盛顿大喝一声："小偷就是他！"小偷想抵赖也抵赖不了，只得在众人面前认罪。

这件事一传十，十传百，很快使华盛顿成了当地的小名人。

有时候人们善于用各种办法掩饰自己，但无论怎样掩饰也敌不过聪明者的睿智头脑。从结果的现象推导出问题的原因，正是揭示这种用掩饰来遮盖问题实质的最好方法。

2. 通过反面论证法得出解决方法

村里有匹马被别人偷走了，失主找遍了整个村庄也没有找到。这时，站出一个小孩，说自己可以帮助失主找回那匹马。

失主和小孩一齐赶到集市上。在牲口市场上失主很快认出了那匹白马。他赶上前去抓住小偷的衣襟，并拉住缰绳去找警察评理。可是小偷嘴巴很硬，反而说失主是诬赖好人，说这牲畜自家已喂养多年了。

小孩突然用小手将马眼捂起来，向小偷问道："你说这马不是你偷的，是你自家的，那你说说，马的哪只眼睛有毛病？"

小偷被问得愣住了，可他很快改变了窘态，回答道："左眼！"

小孩把手挪开一点，白马的左眼亮闪闪，蛮好的，一点毛病也没有。

小偷连忙改口说："我记错了，是右眼！"

小孩将手全部挪开，白马的右眼也是亮闪闪的，蛮好的，一点毛病也没有。

小偷脸色灰白无话可说，被警察带到法庭上去了。

反面论证是人们解决问题的常用方法，即从反面入手揭示正确的答案，或者让答案不言自明。遇到无理的反驳者强词夺理或故意狡辩时，反面论证是让事实说话的最有力工具，这种方法常常让反驳者哑口无言，达到无声胜有声的效果。

3. 循环论证，实现利益转化

汽车的排气污染会使城市的绿树枯萎，直接影响城市的环境。然而，日本横滨本田汽车业主青木勤社长，却别出心裁地做出一个令人拍案叫绝的为销售汽车而绿化街道的"本田妙案",使本田汽车独领风骚。

　　每天乘车外出的青木勤社长,从公路上多如蚂蚁的汽车行驶中突获灵感:假如我们如此这般卖车卖下去,汽车排气将直接污染着城市的环境。这个问题应当由产业者加以解决才是,所以不能只顾卖车,理当通过卖车来促进城市绿化。于是,青木勤社长便定下一个方针:"今后每卖一部车,便在街上种一棵纪念树。"此后,本田汽车公司将卖车所得利润的一部分,转为植树费用,以美化城市街道。为销售汽车而绿化城市的绝妙方案,在消费者中形成了一种特有观念:"同样是买汽车,何不买绿化街道的本田汽车?"这种"你买我汽车,我为你植树"的销售方法,使本田汽车的销售量猛增,并一路领先。"本田妙案"始创者青木勤社长因此风头大出,成为汽车业的佼佼者。

　　由问题的结果导出原因是逆向思维的运用,由原因推测结果是正面的逻辑思维。如果将二者结合运用,正反索因,互相转化,成为一种循环论证,则能带来更大的收益。这种方法运用到商业领域,往往能够实现利益的最大化。

第七章
"迂回思考"——将问题化难为易

迂回思考，从联系的角度解决不便直接入手的问题。

思考问题不从正面入手，而是通过出人意料的侧面来思考和解决，也是我们常用的策略。

辩证法告诉我们，任何事情都不是孤立存在的，而是彼此联系、相互制约的。从侧向找联系、从侧向找价值、从侧向找突破点要比长驱直入、正面进攻更容易取胜。

声东击西，攻其不备

声东击西的目的在于转移对方的目标，使其疏于防范，然后再攻其不备。干任何一件事，为了消除当前人为的阻力，减少自身的损失，一定要设法分散对方的力量，或消磨其意志，才可以乘虚而入，达到目的。

1. 以虚击实

一位记者问某总统："你很富有，据说你的财产达到30亿美元？"表面上看这一提问好像是对他家庭情况的一般性提问，实则用意很深，完全是针对总统是否廉洁而来的。这是一个极为敏感的政治问题，也是一个很难回答的问题。因为若是矢口否认，别人不会相信；若是照实说来，显然不妥。那么，应该怎样回答好呢？

总统听后发出一阵长时间的笑声，反问道："一位外国议员说我有60亿美元！你听到了吧？"

总统没有就他是否拥有30亿美元一事直接作出正面回答，而是列举了一个更夸张的数字，以嘲讽的口吻反问记者，这实际上就是间接否定了记者的提问。

以虚击实是用虚幻、虚假或子虚乌有的事件去迎击对方本来比较"实"的问话，这是拒绝辞令中常用的方法。它可分两步完成：第一，先避开实质性的问题，不作直接回答，免得纠缠不清。第二，选择一个纯粹夸张了的事实去回答对方，这就是就虚，即虚答。因为这种答案显然是虚假的，这就使问话者明显感到不可信。由此及彼，在问话者脑中便很快形成一种逻辑推理，顺理成章地推出另一个事实也是假的结论。从而，无须多费口舌，原来那种"实"的结论也就被彻底否定了。

以虚击实不仅能有效地避其锋芒，而且能有效地击"实"，即先退后进，以退为进，反戈一击，成功地达到完全否定对方论点的目的。

2. 明修栈道，暗度陈仓

日本松户市原市长松本清，本是一个头脑灵活的生意人。他经营"创意药局"的时候，曾将当时售价200元的膏药，以80元卖出。由于80元的价格实在太便宜了，所以"创意药局"连日生意兴隆，门庭若市。他不顾赔血本来销售膏药，所以虽然这种膏药的销售量越来越大，但药局的赤字却越来越高了。那么，他这样做的原因是什么呢？

原来，前来购买膏药的人，几乎都会顺便买些其他药品，这当然是有利可图的。靠着其他药品的利润，不但弥补了膏药的亏损，也使整个药局的经营出现了前所未有的盈余。

这种"明亏暗赚"的创意，以降低一种商品的价格，而促销其他商品，不仅吸引了顾客，而且大大提高了药局的知名度，有名有利，真是一举两得！

"明修栈道，暗度陈仓"的手段商家们熟稔于心。利用消费者的某种心理特点达成自己的目标，看似无利可图，实则算盘打得非常精明。销售商品从来没有什么极限可言，因为聪明的人肯去突破极限。

旁敲侧击，借用暗示的力量

侧面思维和正向思维不一样，正向思维是指遇到问题直接从正面思考解决问题的办法，而侧向思维是从事情的某个侧面，甚至某个点、某个次要的地方为切入点，这样往往会有意想不到的办法。

《孙子兵法》云："先知迂直之计者胜。"所谓迂直，就是懂得运用侧向思维，表面上看解决问题的路子很曲折，实际上目标对准的仍然是主要问题。侧向思维虽然走的不是"正路"，却能更有效、更迅速地制胜。

1. 侧面暗示法

1939年，美国著名经济学家萨克斯受爱因斯坦等科学家的委托，去说服罗斯福总统要重视核武器研究、争取抢时间赶在纳粹德国之前造出原子弹。可是罗斯福总统的反应十分冷淡。萨克斯在与罗斯福共进早餐时，巧妙地说："我想谈点历史——英法战争时期，在欧洲大陆上不可一世的拿破仑，在海上却屡战屡败。当时，一位年轻的美国发明家富尔顿来到这位法国皇帝面前，建议他把法国战船的桅砍掉，撤去风帆，换上蒸汽机，把木板换成钢板。拿破仑想，船没有风帆就不能行走，把木板换成钢板就要沉船，便没有同意。历史学家评论这段历史时认为，如果拿破仑采纳了富尔顿的建议，19世纪的历史就得重写。"说完，萨克斯注视着总统，罗斯福沉思了几分钟，取出一瓶拿破仑时代的法国白兰地，斟满一杯递给萨克斯，说："你胜利了！"从此，美国便开始了研制原子弹的历史。

运用侧面暗示法的一个基本前提是，当你将要劝说的中心话题说出来时，对方已经知道你要谈的内容。如果没有这个前提，侧面暗示就不会这么明确地让人理解、意会，也就收不到劝说的功效了。

2. 侧面切入法

两个二年级的孩子因小事发生争执，打起架来，被同学拉到办公室找王老师。两个小家伙一个痛哭流涕，一个愤愤不平，都像受了天大的委屈。王老师一边听学生说，一边巧妙地运用打岔的方法，引入许多毫不相干的话题。如：你今年几岁啦？家离学校远吗？你爸爸叫什么名字？是做什么工作的？今天早晨吃的什么饭？是自己洗脸还是妈妈给你洗等等。王老师很有耐心地问，孩子也很有耐心地一一作答。只两三分钟时间，王老师居然领着他们从不良情绪中走了出来。

他们好像忘记了刚才发生的一切，两个都笑吟吟的。王老师对他们说："老师早就知道你俩是好朋友。好朋友怎么还打架呀？你们知道自己都做错了什么吗？"两个孩子都说知道，而且各自作了自我批评。

发现对方有过错时，利用故意打岔的方式，绕开过错，岔开话题，让对方暂时忘记刚才的过错，然后再含蓄地指出其错误，对方就会很乐于接受。

在人际交往中，因相互间很小的摩擦导致情绪极度冲动是常有的事。一方情绪冲动时，会暂时失去自制力，常常表现为暴跳如雷，甚至出现严重攻击的行为。这时候，如果巧妙地用打岔法把话题岔开，再从侧面切入，含蓄地指出他们的错误，冲动的情绪就很容易平静下来。

3. 侧面说服法

第二次世界大战期间，美国陆军参谋长乔治·马歇尔将军和三军总司令罗斯福总统就制订战略计划发生了分歧。马歇尔认为美国必须大力加强地面部队，而海军出身的罗斯福则认为，目前最重要的是要加强空军和海军的力量。两人交锋多时，相持不下。马歇尔心里对罗斯福对海军的偏爱很是不满，但没有明说。在又一次交锋中，一向面色冷峻的马歇尔突然摆出一副笑脸说："总统先生，你不要一提海军就'我们'，一说陆军就'他们'，行吗？"说罢，客气地坐下，把那份战略计划推给了罗斯福总统。罗斯福仔细地看了一下马歇尔，不自然地笑了。他客观地研究了马歇尔的建议，最后终于接受了以地面部队为主导的观点。

马歇尔先以一句话轻轻地"旁敲侧击"，再用以诚恳的祈使句"行吗"，不仅暗暗指责了罗斯福的偏心，也暗示了如果罗斯福不去掉这种偏见将会对美国产生不利影响与危害。他可以说是不卑不亢，一语千钧，意味深长。

不从正面说服，而是从侧面指向问题的实质，这种劝说方法适用于双方经过一段时间的劝说与反劝说而未能取得理想效果的时候。一经"敲击"，很可能会别开洞天，取得"四两拨千斤"之效。

4. 借物寓暗示

小伙俊与姑娘兰互有好感。俊性格外向，兰内秀少言。俊虽已感到兰有意于自己，但又见兰常沉默无语，有时他说一些开心的事，兰往往仅淡然一笑，弄得俊心里直犯嘀咕。一次约会时，俊欲探兰的心里到底有何想法，便对兰说："我有一枝红玫瑰，不知该送给谁。"兰望着圆月，有些心不在焉地说："你爱送谁是你的自由。"俊见状，觉得兰似有拒绝之意，便说："我想送给一个人，但又怕人家不赏脸。"兰说："也不一定，你可以试一试。"俊见有希望，便说："我怕一试，人家不要，我会很伤心。我有个预感，人家对我不满意。"兰说："也许人家满意而你却没有勇气。""那我就把玫瑰送给你，你愿意接受吗？"兰见状，微笑着说："那要看你心诚不诚。"至此，俊完全明白了兰已接受了他的爱，高兴得跳起来。俊用"送你一枝红玫瑰"这种借物暗示法，避开了话锋，在试探中测出兰对他的爱，可谓步步深入，借玫瑰运用暗示语，撩开了爱情的面纱，在含蓄中品尝着爱情的果实，那甜美的滋味浸润着心田。爱情中采用借物暗示法，既不必担心开罪对方，又可收到知其心意的效果。

避开"大流"，另辟"蹊径"

两个青年一同开山，一个把石块砸成石子运到路边，卖给建房的人；一个直接把石块运到码头，卖给杭州的花鸟商人。因为这儿的石头总是奇形怪状，他认为卖重量不如卖造型。三年后，他成为村上第一个盖起瓦房的人。

后来，不许开山，只许种树，于是这儿成了果园。每到秋天，漫山遍野的鸭梨招来八方客商，他们把堆积如山的梨子成筐成筐地运往北京和上海，然后再发往韩国和日本。因为这儿的梨，汁浓肉脆，纯正无比。

　　就在村上的人为鸭梨带来的小康日子欢呼雀跃时，曾卖过石头的那个果农卖掉果树，开始种柳树。因为他发现，来这儿的客商不愁挑不到好梨子，只愁买不到盛梨子的筐。五年后，他成为村里第一个在城里买房的人。

　　再后来，一条铁路从这儿贯穿南北。这儿的人上车后，可以北到北京，南抵九龙。小村对外开放，果农也由单一的卖果开始谈论果品加工及市场开发了。就在一些人开始集资办厂的时候，还是那个村民，在他的地头砌了一垛三米高、百米长的墙。这垛墙面向铁路，背依翠柳，两旁是一望无际的万亩梨园。坐车经过这儿的人，在欣赏盛开的梨花时，会突然看到四个大字：可口可乐。据说这是五百里山川中唯一的一个广告，那垛墙的主人凭这垛墙，第一个走出小村，因为他每年有四万元的广告收入。

　　20世纪80年代末，日本丰田公司亚洲区代表山田信一来华考察。当他坐火车路过这个小山村时，听到这个故事。他被主人公罕见的商业化头脑所震惊，当即决定下车寻找这个人。

　　当山田信一找到这个人的时候，他正在自己的店门口与对面的店主吵架，因为他店里的一套西装标价800元的时候，同样的西装对面标价750元，他标价750元的时候，对面就标价700元。一个月下来，他仅批发出八套西装，而对面却批发出800套。

　　山田信一看到这种情形，非常失望，以为被讲故事的人欺骗了。但当他弄清真相之后，却立即决定以百万年薪聘请他，因为对面的那个店也是他的。

　　物质和知识的贫穷并不可怕，可怕的是想象力和创造力的贫穷。致富的捷径来源于想象力和创造力，必须有与众不同的想法，才能有与众不同的收获。

大道广阔，曲径通幽

有什么样的思路，就会有什么样的出路。大路好走，小径也未必不通畅。当大路受阻前行不便的情况下，不妨转而从小路另辟蹊径，尽管多绕了几道弯或者时间稍长，但也能达到走大路所通往的目的地。

大道广阔，曲径通幽。在我们解决问题的过程中，也可以运用这种思维法则。一条道路行不通，看看有没有其他的路径通向目标，只要能达到目的，选择的方式不止一种，条条大路通罗马，小路也照样好走。

脑筋多转几个弯，同样的话换个说法，同样的事情变换个方式做，迂回包抄，获得成功。

1. 先转移话题，再峰回路转说主题

某中学唐老师，悉心钻研中国古典文学，出版了20万字的《中国诗歌发展史》一书，该校的文学社小记者到唐老师家采访。

小记者："唐老师，您的大作《中国诗歌发展史》与读者见面了，我们想请您谈谈撰写这本书的经验，好吗？"

唐老师："（很为难地，沉默了片刻）只是一个专题学习，谈不上什么经验。"

小记者："（抬头，望着墙上的隶书）唐老师，这隶书是您写的吧！（转换话题）"

唐老师："是的。"

小记者："那么请您谈谈隶书的特点，好吗？"

这正是唐老师感兴趣和愿意谈的话题。于是，唐老师便由"蚕头雁尾"讲

起，讲得非常细致、非常认真，也很起劲。讲这个问题的过程中，双方彼此增进了感情。这时小记者不失时机地说："唐老师，您对隶书很有研究，我们以后还要请您多加指导。不过，我们现在十分想听听您是怎样写成《中国诗歌发展史》这本书的。"此刻，唐老师深感盛情难却，也就只好加以介绍了。

即使一个最好的话题，也有使人兴趣低落的时候。这时候，可以停止对原话题的讨论，自然而然地引出另一个话题。这样既缓和了气氛，又达到了谈话的目的。

2. 犹太人的精明之处

一个犹太人走进纽约的一家银行，来到贷款部，大模大样地坐下来。

"请问先生有什么事情吗？"贷款部经理一边问，一边打量着来人的穿着：豪华的西服、高级皮鞋、昂贵的手表，还有镶宝石的领带夹子。"我想借些钱。""好啊，你要借多少？""一美元。""只需要一美元？""不错，只借一美元。可以吗？""当然可以，只要有担保，再多点也无妨。""好吧，这些担保可以吗？"犹太人说着，从豪华的皮包里取出一堆股票、国债等等，放在经理的写字台上。"总共50万美元，够了吧？""当然，当然！不过，你真的只要借一美元吗？""是的。"说着，犹太人接过了一美元。"年息为6%。只要你付出6%的利息，一年后归还，我们可以把这些股票还给你。""谢谢。"犹太人说完，就准备离开银行。

一直在旁边冷眼观看的分行长，怎么也弄不明白，一个拥有50万美元的人，怎么会只来银行借一美元！他追上前去，对犹太人说："啊，这位先生……"

"有什么事情吗？"

"我实在弄不清楚，你拥有50万美元，为什么只借一美元？要是你想借三四十万美元的话，我们也会很乐意的……"

"请不必为我操心。只是我来贵行之前，问过了几家银行，他们保险箱的租金都很昂贵。所以嘛，我就准备在贵行寄存这些股票。租金实在太便宜了，一年只需要花六美分。"贵重物品的寄存按常理应放在金库的保险箱里，对许多人来说，这是唯一的选择。但犹太商人没有困于常理，而是另辟蹊径，找到将证券等锁进银行保险箱的办法，从可靠、保险的角度来看，两者确实是没有多大区别的，但重要的是，两者收费差别相当大。能够钻这个"空子"，转换思路思考问题，这就是犹太人在思维方式上的"精明"。

让思路拐几个弯

"曲折迂回法"是指当解决某个问题的思考活动遇到了难以消除的障碍时，可谋求避开或越过障碍而解决问题的思维方法。人们在进行创造性活动中，其思路决不能永远直线前进，事物或问题的复杂性也不容许这样。必须通过一些迂回曲折的道路去探索其中过程的依次发展阶段，才能透过表面的偶然性揭示出其内在的规律性。

1928年的夏天，积劳成疾的美国银行家贾尼尼离开了刀光剑影的纽约华尔街，回到风光旖旎的家乡意大利米兰休养。他身在意大利米兰，心却在美国纽约。贾尼尼始终密切地关注着万里之遥的纽约华尔街的情况。

一天，贾尼尼突然被一条新闻惊呆了。这条刊登在头版头条的新闻是这样写的："贾尼尼的控股公司纽约意大利银行的股票暴跌50%，加州意大利银行的股票亦出现36%的跌幅。"

贾尼尼大吃一惊，心急火燎地赶回加州的旧金山。

在儿子玛利欧的豪华住宅里，贾尼尼召开了紧急会议。他阴沉着脸火爆地大声质问憔悴不堪的玛利欧："股价如此暴跌，一定有人在背后捣鬼，到底是谁？"在一旁的律师吉姆·巴西加尔赶忙替玛利欧回答道："股价暴跌是由摩根的纽约联邦储备银行引起的，他们认为意大利银行涉嫌垄断，逼我们卖掉银行51%的股份。"

原来，意大利银行收购旧金山自由银行之后，金融巨头摩根便怀疑贾尼尼野心勃勃要控制全美国的银行业，因此招来了联邦储备银行的干预。

面对这种情况，玛利欧主张卖出意大利银行的一部分资产，然后再买回公开上市的股票，从而使意大利银行由上市的公众持股公司变成不上市的内部持股公司而脱离华尔街的股票市场。

其他的董事也都认为玛利欧所说的是目前唯一可行的办法，只有这样才能使意大利银行不至于倒闭。

但是，他们达成的一致意见却遭到贾尼尼的强烈反对，他认为这一策略不无可取之处，但未免太消极。

大家都沉默了，用征询的目光看着贾尼尼。意思是说：你否决了我们的建议，难道你有什么更好的办法吗？他们对于贾尼尼善于出奇制胜的才能一点也不怀疑。

然而，贾尼尼却说出一番使大家更吃惊的话："再过两年我就进入花甲之年了，而且身体也渐渐支撑不住了，我要辞去意大利银行总裁的职务。"

此话一出，在场的人都大为吃惊，大家都痛苦地低下了头。因为他们都明白，贾尼尼是说到做到的人，是绝不会反悔的。

玛利欧却迫不及待地劝说："爸爸，我们焦急地盼望您回国，不是想听您说这句话的。您呕心沥血一手建造起来的意大利银行，如今正处于生死攸关的紧急关头，我们需要您带我们一起渡过这个难关！"

贾尼尼放声大笑起来，他挥起拳头说："我决不会让意大利银行倒下的！"

大家的情绪立即激昂起来，他们心里明白，贾尼尼已经有了一个非常好的对策。他们都瞪大了眼睛盯着他。贾尼尼接着说："不但如此，我还要设立一个比意大利银行大好几倍的控股公司！我之所以辞职，就是要以个人的身份去游说总统和财政部部长，促使他们制定一条新的法令，使商业银行的全国分行网络合法化。"

玛利欧却泄气地说："等您说服他们颁布新法令，意大利银行早就完了。"

贾尼尼瞪了他一眼，似乎是责备儿子怎么这么没志气，接着说："当然，我去游说一方面是争取合法化，另一方面也是一条缓兵之计。我们不仅不能让意大利银行倒下，还要设立比意大利银行大几倍的全国性的巨型控股公司，发展出一个以原始银行业务为支柱的最大的民办商业银行。"

对于贾尼尼这种高瞻远瞩的气魄，大家都佩服得五体投地，对他的"金蝉脱壳"决策一致表示赞同。

于是，玛利欧等人很快就到德拉瓦注册成立了一家新公司——泛美股份有限公司，该公司的最大股东就是意大利银行。但由于它的股票分散在大量的小股东手里，因而外人很难再怀疑它有垄断嫌疑。

他们再以这家公司的名义，把别人控制下的正在暴跌的意大利银行的股票低价买进。这样一来，便挫败了摩根等人欲置意大利银行于死地的阴谋。意大利银行不仅没有垮下，而且越来越壮大，后来它甚至还吞并了美洲银行，并将各分行全部改名为美国商业银行。

贾尼尼担任美国商业银行这个全美第一大商业银行的总裁，成为改写美国金融历史的巨人之一。

所以，改变一下自己的思维方法，碰到什么样的情况用什么样的思维方法，这样，就会拥有合适的解决问题的办法。

学会给成功开一扇 "后门"

"塞正通侧"，就是将正路堵住，从旁边开道，达到解决问题的目的。在解决问题的过程中，有时候我们不便从正面入手，无法沿正路前进，可采取抄小道、走后门的方法，一样能够达到相同的目的，甚至会获得出乎意料的惊喜。

1. 从侧面思考

如果你是一家电影公司的职员，现在公司要在另外一个城市开一家新的电影院，于是安排你做一件事情：一到两天的时间内，帮公司寻找到一个最适合开电影院的地方。你有把握在这么短的时间内找到合适的开电影院的场地吗？

一般人遇到此类问题，很容易根据常规思维，用测算人流量的方法去解决。比如每天派人到各处实地考察。

日本电影公司的一位高级管理者也遇到过这样的问题，但他只采用了一个非常简单的方法，就轻松地解决了。

他带领下属到将要开设电影院的城市的所有派出所进行调查，调查的内容很简单：哪个地方平时丢钱包最多，然后就选择丢钱包最多的地方开电影院。

结果证明，这家电影院成了电影公司开设的众多电影院中最火的一家。

钱包丢失最多的地方，就是人流量最大、消费活动最旺盛的地方，这就是一种侧向思维法。

2.借题引申，维护他人自尊

有一个女中学生早恋，并以此为题材写了一篇小说——《紫罗兰在悄悄开放》。虽没有发表，但却在同学间相互传看。班主任知道后并没有责备她，而是在班会上评价、指导这篇小说时委婉而含蓄地说:"这篇小说写得很生动,很真实,也挺有趣味。只是结尾不太好,应该更含蓄一些,给人留下回味。尤其是小说的标题,应改为《紫罗兰在含苞待放》,你说是吗?"女中学生微笑地接受了这种友好的批评,不仅修改了小说,也很快告别了早恋。

这个班主任把早恋这个敏感的问题通过巧妙含蓄的方式提出,借题引申,既给了女学生以提醒,又维护了她的自尊心。如果他当面直说或贸然压制,都不会收到这么好的效果。借助与被劝说者有关的特定因素和契机及时地表达劝说之意,要求劝说者机智灵活,善于应变,善于就地取材。

3. 侧面打出营销攻坚战

美国的高露洁牙膏在进入日本这样一个大的目标市场时,并没有采取贸然进入、全面出击的策略,而是先在离日本本土最近的琉球群岛上开展了一连串的广告公关活动。

他们在琉球群岛上赠送样品,使琉球的每一个家庭都有免费的牙膏。因为是免费赠送的,所以琉球的居民不论喜欢与否,每天早上总是使用高露洁牙膏。

这种免费赠送活动,引起了当地报纸、电视的注目,把它当作新闻来报道,甚至连日本本土的报纸、月刊也大加报道。于是,高露洁公司在广告区域策略上就达到了这样的目的:以琉球作为桥头堡,使得全日本的人都知道了高露洁,以点带面,广告效益十分明显。

营销攻坚战一般有两种打法:正面进攻和侧面出击。当企业对战场不熟悉,群众基础尚未建立之时,先建立稳固的根据地,从侧面入手是一条稳健可行的策略。

扩大销售，带出顾客更多需求

在进行推销时，利用"侧向关联法"来引起客户的注意，使客户对你所推销的产品产生特别的关注，进而引导出客户的需求。

销售人员不应把销售出商品看作是成交的结束，应该及时地把注意力转向其他产品，再进入推销的开始阶段。这时，你可以运用"侧向关联法"帮助客户将产品与其他物品联系起来，让客户觉得与之相关联的东西也是必不可少的。

1. "侧向关联法"帮你卖出更多的东西

客户："这条领带我喜欢，就买它了。"

销售人员："您打算穿什么样的西服来配这条领带？"

客户："我想穿我那件藏青色西服应该很合适吧？"

销售人员："先生，我们这儿还有两款漂亮的领带正配您的藏青色西服。"

客户："是的，正如你所说，它们确实很漂亮。"

销售人员："再看一看与这些领带相配的衬衣怎么样？"

客户："我想买一些白色衬衣，可我刚才在哪儿都没有找到。"

销售人员："那是因为您没有找对地方，您穿多大号的衬衣？"还没有等客户反应过来，销售人员已经拿出了四件白色衬衣。

销售人员："先生，感觉一下这种质地，难道不是很棒吗？"

客户："是的，不错。"客户一下子买了三件衬衫，心满意足地离开了。

善于侧向联想，让思维发散而不是集中于一点，这是优秀销售人员必备的技巧。这种方法可以让一种产品带动多个产品，挖掘客户的其他潜在需求，引导客户消费更多的产品。

2. 以点带面，扩大销售

客户："你好，我替妻子买包卫生巾。"

销售人员："你的周末算是毁了，干吗不去钓鱼呢？"

客户："你这里有什么型号的渔具？"

销售人员："小号的、中号的鱼钩，大号的渔线。我拿给你看看。"客户："我先看看鱼钩。"

销售人员："你打算上哪儿钓鱼？"

客户："海边。"销售人员："我建议你买条船，这边是卖船的专柜，你看这艘帆船怎么样？"

客户："不错。可是我的汽车可能拖不动这么大的船。"

销售人员："不用担心，我们汽车消费区最新推出了丰田新款豪华型'巡洋舰'，保证满足您的要求。"

客户："好的。"销售人员要讲求灵活应变，运用以点带面的方法，激发客户的购买欲，让客户购买更多的产品。

3.从同类事物中寻找关联点

21岁的销售员罗杰发现许多专门出售男用饰物的店铺，仅仅陈列领带夹、胸章和袖扣，而不见有男用戒指供应。而实际上，美国男人都喜欢佩戴各式各样的戒指，社会对于男用戒指的需求量极大，而且，人们喜欢新花样，愈是新奇古怪，愈会获得人们的青睐。罗杰想：如果把这些戒指与领带夹、手环、袖扣一起出售，一定会引起人们的注意，自然也会带来销路。

说干就干，作为一个穷学生，罗杰的全部资金只有200美元，只能小打小闹。他首先用全部资金向几家制造厂家购买了价格便宜的六打戒指。每只戒指进价为两美元，转手即以每只三美元的价格批发给零售店，罗杰从每只戒指中获取50%的利润。

很快，罗杰第一批进的六打戒指脱手了，于是他用所得的现款买进更多的戒指，另外又找了家零售店。自从罗杰从事这项生意后，在第一年，他每星期可赚100美元；第二年利润翻番。随着时间流逝，他的生意更加兴隆，一年的纯利润达数万美元。

现在的罗杰雄心勃勃，自己开起了商店，专事经营男用戒指，成为一个事业成功的经营者。他凭借自己的细心、观察力而"见微知著"，仅仅花了200美元的小本钱，就做起了老板。

从相同和相似的事物中最容易发现二者内在的联系，而"侧向关联法"就是运用这种联系实现引申和扩大的作用。在销售领域中，这种方法最常被使用。从相关联的事物中挖掘出潜在的商机，是扩大销售的一个有效途径。

第八章

保持适度，"加减法则"让矛盾处理有方

少一分则加，但不要画蛇添足；多一分则减，去粗取精，保持适度。

南怀瑾的《易经杂说》中提到，宇宙间的一切道理，都是一加一减，非常简单。这里的加减法则不但包括数量上的增减，还具有一定的抽象意义。比如，增进感情是一种"加"，保持距离是一种"减"；爱心要"加"，烦恼要"减"；好德行要"加"，坏习惯要"减"等等。加减法则具有普遍性，所以运用这种方法解决问题更简便，也更容易为人所接受。

加和减的学问

加减法策略在日常生活中经常为我们所用。比如，我们在买东西的时候，都希望自己能够用"廉价"购得"美物"。虽然不可能人人都是精打细算的精明人，也不可能都是善于购物者，但我们还是希望自己的购物能力能够获得别人的认可。所以，我们购买了一件物品后，要是自己花了50元，而别人却认为只需30元时，往往就会有一种失落感；相反，花了30元买了一样东西后，别人却认为需要50元时，我们往往就会有一种兴奋感，感觉自己很会买东西。

再如，女性普遍存在怕老的心理，"逢人减岁"这种说话技巧便有了讨人喜欢的市场。这种技巧的特征在于把对方的年龄尽量往小说，从而使对方觉得自己显得年轻、保养有方等，进而产生一种心理上的满足。一位三十多岁的女人，你说她看上去只有二十多岁，一个六十多岁的女人，你说她看上去只有45岁，这种夸赞对方是不会认为你缺乏眼力而对你产生反感的，相反，她会对你产生好感，形成心理上的相容。

总之，在生活中学会"拿掉"和"添点"的技巧，满足人们的心理需要，能够增强别人对自己的好感，而别人对自己产生了好感，就会乐于帮助自己。

1.多添少拿

有一家卖瓜子的小店生意特火，其他同类商家怎么也比不上，其中玄机何在？

该店老板说："其实，我们家的瓜子除了味道独特以外，在经营方面还有一个小技巧。就是在称量时，别人家总是先抓一大把，称的时候再把多的拿掉；而我家总是先估计得差不多，然后再添点。这'添一点'的动作看似细小，却符合顾客的微妙心理。许多人都害怕缺斤短两，'拿掉'的动作更增加了这一顾虑，而'添点'则让人感到分量给足了，心里踏实，所以就乐于登门。"

"添加"和"拿掉"看似一个很小的问题，实际上却反映了营销细节的微妙。怎样迎合顾客的心理所需，是营销人员首先应该掌握的技巧。

2.满足对方需求，让对方尝到甜头

自从多年前成立就蒸蒸日上的公司，今年的盈余竟大幅滑落。这决不能怪员工，因为大家为公司拼命的情况，丝毫不比往年差，甚至可以说，由于人人意识到经济的不景气，大家干得比以前更卖力。

这就愈发加重了董事长心头的负担，因为马上要过年，照往例，年终奖金最少加发两个月，多的时候，甚至再加倍。今年可惨了，算来算去，顶多只能给一个月的奖金。"让多年来已习惯了的员工知道，士气真不知要怎样滑落！"

董事长忧心地对总经理说："许多员工都以为最少加发两个月奖金，恐怕飞机票、新家具都订好了，只等拿奖金就出去度假或付账单呢！"

总经理也愁眉苦脸了："好像给孩子糖吃，每次都抓大把，现在突然改成两颗，小孩一定会吵。"

"对了！"董事长突然触动灵机，"你倒使我想起小时候到店里买糖，总喜欢找同一个店员，因为别的店员都先抓一大把，拿去称，再一颗一颗往回扣。那个比较可爱的店员，则每次都抓不足重量，然后一颗一颗往上加。说实在话最后拿到的糖没什么差异，但我就是喜欢后者。"

没过两天，公司突然传来小道消息："由于公司营业不佳，年底要裁员。"

顿时人心惶惶了。每个人都在猜，会不会是自己。最基层的员工想："一定由下面杀起。"上面的主管则想："我的薪水最高只怕从我开刀！"

但是，跟着总经理就做了宣布："公司虽然艰苦，但大家同一条船，再怎么危险，也不愿牺牲共患难的同事，只是年终奖金绝不可能发了。"

听说不裁员，人人都放下了心头上的一块大石头，那不致卷铺盖走人的窃喜，早压过了没有年终奖金的失落。

眼看除夕将至，人人都做了过个穷年的打算，彼此约好拜年不送礼，以共度艰难。突然，董事长召集各单位主管紧急会议。看主管们匆匆上楼，员工们面面相觑，心里都有点儿七上八下："难道又变了卦？"

是变了卦！没几分钟，主管们纷纷冲进自己的部门，兴奋地高喊着："有了！有了！还是有年终奖金，整整一个月，马上发下来，让大家过个好年！"整个公司大楼，爆发出一片欢呼，连坐在顶楼的董事长，都感觉到了地板的震动。

每个人都有使自己获得更多好处的心理，但好处毕竟有限，与其在占便宜或吃亏的问题上争得头破血流，不如在讲求方法的前提下试着让对方多赚几分利，它会给你带来双倍的好处。

🔑 生意场上的"加法"策略

加减法是一种将事物要素的数量进行增加或减少的思维方法，运用这种方法可以解决我们生活和工作中的难题。

加减法并不单纯地指具体事物的数量增减，它还有一定的抽象意义。比如企业经营中的利益增减、管理方法中的奖惩赏罚措施、人际关系中情感的加深与淡漠等，也是一种加减关系。

增加宽容，就减少了烦恼；增加了知识和技能，就减少了无知和落后；增加了威严，就减少了轻视；增加了德行，就减少了嫉妒；增加了一份爱，能获得双倍的爱；减少了一个麻烦，就可能避免整体的失误。

有时需要添加，有时需要删减。添加一些条件和因素，可以提高工作效率，可以让事情的处理更简单；反之，画蛇添足、添加不必要的麻烦和程序，也可能导致问题更加复杂甚至多变。删减一些枝节，拨开一些障碍，可以让问题变得更清晰、更简洁，可以让事情的本质更明显、更突出。由此可见，加减法也是要适度、有原则的，不可盲目地随意增加，也不可草率地删减。

1. "赔偿"不如"奉赠"

某地区开展"百城万店无假货"的活动。一位商场老板非常积极地参加这一活动，并且表示如果有顾客在他的店内买到一件假货，将获得一万元的赔偿，希望以这种方式带动商店的生意，但遗憾的是，此举并没有达到预期的效果。

一位智者听了他的想法后，给他出了个主意，建议把"赔偿"改成"奉赠"。于是，一个广告牌在店门前竖起来："凡在本店内买到假货的顾客将奉赠一万元！"

顾客看到这一广告语，都忍不住进店看看，这样一传十，十传百，顾客络绎不绝，生意很快火了。

仅仅改动了一个词语，就收获了巨大的收益。可见，了解顾客的心理，是做活生意不可忽视的因素。

2.没有什么是多余的

英国搞了一个"搞笑商品说明书"评选会。有这么几个经典的说明入选：某药厂生产的安眠药，药瓶上写着"服用此药会产生困意"；美国航空公司随班机供应的花生米，包装袋上写着"请开袋食用"；一盒沙丁鱼罐头上写着"本品原料选自奥克尼湾湖潮汐渔场出产的上等沙丁鱼，肉质细嫩……注意事项：内装鱼肉"；一个吹风机的使用说明提醒消费者："请不要在睡眠时使用"；几种品牌的圣诞彩灯上则都注明："只能在户内或户外使用"……

相信每个中国人看完以后都会会心一笑：这些外国商人真是太笨了。可是有个美国老太太在麦当劳里被咖啡烫了嘴，竟向餐馆主人索赔500万美元。更令人匪夷所思的是，法院竟支持了这一请求！在这种情况下，侍应生端给你的咖啡杯子上印着："咖啡烫嘴，请小心饮用"，你还会觉得可笑吗？你在睡眠的时候，忘了关手上的吹风机，结果感冒了，第二天就可到法院去起诉厂家。所以，厂家在说明书上标明"请不要在睡眠时使用"是必要的。

添加上去的都是必要的，被删减的也一定是繁杂无用的。商家不欢迎一些画蛇添足、小题大做的行为。关注顾客的利益，赢取自身的利益，用最简洁的方式展现最详细全面的信息，才是要认真思考的。

3，加减法的运用要以实现利益的最大化为本

一场大水，淹没了一个村庄。一位富商和一位卖烧饼的小贩同时被洪水困在了野外的一个山冈上。由于逃生时比较匆忙，富商只带了一少部分干粮和一袋钱币，小贩带了一袋烧饼。

两天后，富商所带的食物都已经吃光了，只剩下了那袋钱币。卖烧饼小贩的干粮还很充足。

这时，富商向小贩建议，用一个钱币换小贩的一个烧饼。卖烧饼的小贩见赚钱的时机已到，就狮子大开口说："若是在平时，我可以同意你的交易。可是，此时正是危难时刻，一个钱币换一个烧饼，我不同意，我想用我这袋烧饼换你那袋钱。"富商同意了小贩的要求。

五天后，洪水还是没有退去，他俩依然被困在山冈上，富商吃着从烧饼贩子手里买来的烧饼，安然地等待救援人员的到来，而烧饼贩子却饿得饥肠辘辘，最后他对富商说："我想用一个钱币和你换一个烧饼。"富商望着口袋里为数不多的烧饼，回绝了烧饼贩子的条件。他说："要是在平时这将是一个很好的提议，不过现在是生死关头，一个钱币换不了一个烧饼，五个好了，五个钱币换一个烧饼。"

救援人员来了以后，那袋烧饼全部吃光了，而那袋钱币又物归原主，重新回到了富商的手中。

加减法的策略要在不同的情境下选择使用。有时候仅用加法或减法还不能解决问题，只有加减法并用，才能为自己赢取最大的利益。

管理之道，恩威并施

现代管理心理学告诉我们，领导一味地靠原则约束下属，收效并不理想。必要时，运用情感手段拉拢人心，常常会有意外的收获。"笼络用情"是一种权术，是一种操纵人心的技巧。管理者对待下属，也只有真情才能发挥效用。用情拉拢人心实际上是人际交往的需要，更是管理中必备的驭人之法。

管理者与被管理者之间有一种无形的氛围。在被管理者看来，管理者就代表着正义、秩序和真理。比如，在管理者对员工的岗位分配制度上，如果岗位难度过低，人人能干，体现不出能力与水平，选拔不出人才，反倒成了内耗式的位子；岗位的难度太大，努力而不能及，就可能埋没、抹杀了人才。只有岗位的难度适当，才能真正体现出员工的能力与水平，发挥人的能动性和智慧。同时，相互间的依存关系能使人才间相互协作，共渡难关。

一个好的管理者，应该做到恩威并济，情理并重，才能表现出高超的统摄下属的能力，从而让下属肯付出全部力量达成目标。

1.制订制度

有七个人组成了一个小团体共同生活，其中每个人都是平凡的，没有什么凶险祸害之心，但不免自私自利。他们想用非暴力的方式，通过制订制度来解决每天的吃饭问题——分食一锅粥，但并没有称量用具和有刻度的容器。

大家发挥了聪明才智，试验了不同的方法，多次博弈形成了日益完善的制度。大体说来主要有以下几种：

方法一：拟定一个人负责分粥事宜。很快大家就发现，这个人为自己分的粥最多。于是，又换了一个人，但总是主持分粥的人碗里的粥最多。结论是：权力导致腐败，绝对的权力导致绝对的腐败。

方法二：大家轮流主持分粥，每人一天。这样等于承认了个人有为自己多分粥的权力，同时给予了每个人为自己多分的机会。虽然看起来平等了，但是每个人在一周中只有一天吃得饱而且有剩余，其余六天都饥饿难挨。这种方式导致了资源浪费。

方法三：大家选举一个信得过的人主持分粥。开始这品德尚属上乘的人还能基本公平，但不久他就开始为自己和溜须拍马的人多分。不能放任其堕落和风气败坏，还得寻找新思路。

方法四：选举一个分粥委员会和一个监督委员会，形成监督和制约。公平基本上做到了，可是由于监督委员会常提出多种议案，分粥委员会又据理力争，等分粥完毕时，粥早就凉了。

方法五：每个人轮流值日分粥，但是分粥的那个人要最后一个领粥。令人惊奇的是，在这个制度下，七只碗里的粥每次都是一样多，就像用科学仪器量过一样。每个主持分粥的人都认识到，如果七只碗里的粥不相同，他确定无疑将享有那份最少的。

制度至关紧要，好的制度浑然天成，清晰而精妙，既简洁又高效，令人为之感叹。

2.激励法让下属力争上游

路易手下的一名工厂经理向他请教，因为他的员工一直无法完成定额。为此路易派了一个自己十分赏识的人任厂长，但情况仍然无法改观。于是，他决定自己亲自处理这件事。

有一天，路易来到工厂，问厂长："像你这么能干的人，怎么会无法使工厂的工人发挥出工作效率？"

"我不知道，"那人回答，"我向那些人说尽好话，又发誓又赌咒的。我也曾威胁要把他们开除，但一点效果也没有。他们还是无法达到预定的生产目标。"

"我们一起去车间看看吧！"路易说。

当时日班已结束，夜班正要开始。

到了生产车间后，路易问一个正要下班的工人："你们这一班今天制造了几部暖气机？"

"8部"。

路易不说一句话，在地板上用粉笔写下一个大大的阿拉伯数字"8"，然后离开了。

夜班工人上班时，看到地板上那个"8"字，就问这是什么意思。"大老板今天来这儿了，"那位日班工作的员工说，"他问我们制造了几部暖气机，我们说8部，他就把它写在了地板上。"

第二天早上，路易又来到工厂，看到夜班工人已把"8"擦掉，写上一个大大的"9"，于是就满意地离开了。

日班工人第二天早上来上班时，当然看到了那个大大的"9"字。一个爱激动的工人大声叫道："这意思是夜班工人比我们强，我们要让他们看看到底是谁强！"他们加紧工作，那晚他们下班之后，留下一个颇具威胁的"12"。

就这样，两班工人竞争起来。不久之后，这家产量一直落后的工厂，终于超过了其他的工厂。

每个人都有被他人重视和肯定的愿望。作为管理者，如果能时刻肯定员工的成绩和表现，并通过有效的手段促使他们发挥更大的积极性，那么整体的团队士气就会振作而饱满。

人人都有争强好胜的心理，合理地引导这种心理，把竞争引入日常的管理中，激发人的潜力，从而获得良好的效果。

🗝 一手掌权，一手放权

冷面掌权似乎不是一种完美的领导立威途径，但如使用恰当，事实上却是一种有效的武器。一个因严厉、易怒及敏感而出了名的领导者通常可以迅速使组织中形成一种必须服从的气氛，可以让领导者的各种指令毫无困难地被落实和执行，可以让领导者的权威在短期内急剧上升。历史上很多以严厉、冷面出名的领导者，如孙武、巴顿等，不仅个人威信极高，而且所领导的部下与团队常常攻无不克，战无不胜。

领导在掌权的同时还要适当放权。现代企业中的领导人喜欢把一切事揽在身上，事必躬亲，管这管那，从来不放心把一件事交给手下人去做。这样，他整天忙忙碌碌不说，还会被公司的大小事务搞得焦头烂额。

管理者在用人时，要做到既然给了下属职务，就应该同时给予下属与其职务相称的权力。不能大搞"扶上马，不撒缰"，处处干预，只给职位不给权力。管理者用人只给职不给权，事无巨细都由自己定调、拍板，实际上是对下属的不尊重、不信任。这样不仅会使下属失去独立负责的责任心，还会严重挫伤他们的积极性，难以使其尽职尽力，到头来工作搞不好的责任还得由管理者来承担。领导者要充分相信下属，放手让其在职权范围内独立地处理问题，使其有职有权，创造性地做好工作，这样才能团结比自己更强的力量，从而提升自己的身价。

所以，正确的领导方式应当是在统一领导的大方向下，实现有效的分工授权。

1. 放权让管理更轻松

孔子的学生冉有有一次奉命担任某地方的官吏。他到任以后，却时常弹琴自娱，不管政事，可是他所管辖的地方却治理得井井有条，民兴业旺。这使那位卸任的官吏百思不得其解，因为他每天即使起早摸黑，从早忙到晚，也没有把地方治好。于是他请教冉有："为什么你能治理得这么好？"冉有回答说："你只靠自己的力量去进行，所以十分辛苦，而我却是借助别人的力量来完成任务。"

一个聪明的领导人应该像冉有这样，正确地利用部属的力量，发挥团队协作精神，这样不仅能使团队很快成熟起来，同时也能减轻管理者的负担。

2. 掌权要严，铁腕立威

赵老板是有名的火暴脾气，职员犯一点小错，账簿上差几毛钱，他都能花上两个小时训话。所以，员工在背后都不称他赵老板，只要一龇牙，说"神经！"大家就心领神会了。

但是今天没人敢说"神经"了，反倒每个人自己的神经都紧绷了起来。更没有人敢龇牙，只是暗暗在心里对着自己龇牙。

因为——出了大错。

虽然只是小李粗心造成的，但每个人都想"天花板不翻才怪"，也就个个噤若寒蝉。

果然，小李被叫进去，大家的呼吸全停止了。

眼看火山就要爆发，现在是暴风雨前的平静。

过了十几分钟，小李居然好端端地出来了，回到座位上翻抽屉。

"小李卷铺盖了！"大家心想。

小李没卷铺盖，是找旧资料核对，苍白着脸，埋头猛算。

偶尔赵老板也会出来看看，居然没冒火，脚步还比平常缓和，甚至还拍了拍小李的肩膀呢！

错误改正，在赵老板亲自打电话道歉之后，失去的客户居然挽回了。

年终聚餐，赵老板把鸡头夹进自己盘里，起身致辞：

"你们一定奇怪，平常一点小事我就冒火，而小李出了那么大的错，我却出奇地平静。道理很简单，小事冒火，是为了教你们随时警惕，免得出大错。真出了大纰漏，你们自己已经自责得要死了，又何必我再多说？"赵老板举杯，"出大错，我们全受了伤。哪里有受伤的人打受伤的人呢？最重要的，是镇定下来，彼此帮助，克服困难。"

管理者在平时要"小题大做"，以收警惕之效，而在战时要"大题小做"，以安定人心。

🔑 学会减法，"累赘"就没了

在轻重之间，我们应学会避重就轻，先做重要的，再选次要的，舍弃没必要的。凡是对人对己有利益、有意义的大事，已经拥有了的人或事物，能够感知到的幸福和成功，都是重要的，应该把握。而无关大局的细微琐事，错过的人或机会，以及曾经享有的荣誉和遥不可及、不切实际的追求，都是不重要的，可以放下。只选最重要的，心灵空间才会整洁而有序，人生才会有更高的质量。

1. 简约的就是完美的

吉祥超市新购进一批高档杯子，样式新颖，色调均匀，超市洪经理相信它们一定能成为一批抢手货。

然而，奇怪的是，一周过去了，一个月过去了，顾客购买的却很少。看到这么漂亮的杯子，许多顾客先是一阵惊喜，但当拿到手仔细看过之后，均摇摇头，放下杯子走开了。

洪经理百思不得其解，就去求教一位心理学家。

心理学家拿起杯子，细细看过之后，便叫洪经理马上派人把这批杯子上的盖子全部取走，但杯子仍放在柜台上原价出售。

"这批杯子，杯身设计新颖、做工精细，但它们的盖子却有一处瑕疵，顾客们想买下杯子，却又总觉得买了吃亏。如今盖子一去，它们又成为了一批完美的杯子。"

十天后，这批杯子被抢购一空。

去粗取精，留下精华，又何尝不是完美。

2. 放弃掉沉重的"累赘"

范蠡追随越王勾践22年，历经百战，终于完成了复国的大业。因其至伟奇功，范蠡被拜为上将军，勾践甚至表示要将越国一半的江山分给他。范蠡感到自己的功劳和名声太大了，大到不能成为享受，而成为了负担。于是，范蠡在向越王请辞不成的情况下，带着家眷乘舟浮海悄然离去。到了齐国以后，他给自己的老朋友文仲写了封信，说道："我听说飞鸟射光了，良弓就要收藏起来；狡猾的兔子被抓尽了、猎狗就要被煮来吃了。越王这个人可以共患难，却不能共享乐，为什么不快点离开呢？不然早晚会大祸临头！"文仲觉得老朋友说得有理，但还是心存侥幸，认为勾践不至于太绝情，便想了个折中的方法，称病不朝。

结果没过多久，勾践就听信了文仲要谋反的谗言，赐给他一把宝剑，让他自刎而死。

这件事充分证明了范蠡的远见卓识，他深知"大名之下，难以久居"，便毅然放弃了所有的声名富贵，乘一叶扁舟翩然而去，既保全了名声，又保全了最可贵的生命。假如他对权力和财富恋恋不舍，等待他的肯定是和文仲同样的命运。

许多人，总是放不下得失，就如同一个人拥有一堆苹果，吃掉了一个，就失去了一个，于是不免舍不得，要里三层外三层地包裹起来，珍藏起来，当想起要吃它的时候，苹果已经烂掉了。

得寸进尺效应

当个体先接受了一个小的要求后，为保持形象的一致，他可能接受一项更大、更不合意的要求，这叫作"登门槛效应"，又称"得寸进尺效应"。

心理学家认为，一下子向别人提出一个较大的要求，人们一般很难接受。如果逐步提出要求，不断缩小差距，人们就比较容易接受。这是由于人们在不断满足小要求的过程中已经逐渐适应，意识不到逐渐提高的要求已经大大偏离了自己的初衷。

"登门槛效应"通俗地说，就像我们登台阶一样，我们要走进一扇门，不可以一步飞跃，只有从脚下的台阶开始，一个台阶一个台阶地登上去，才能最终走进门里。

1. "步步为营"战略

一列商队在沙漠中艰难地前进，昼行夜宿，日子过得很艰苦。

一天晚上，主人搭起了帐篷，在其中安静地看书。忽然，他的仆人伸进头来，对他说："主人啊，外面好冷啊，您能不能允许我将头伸进帐篷里暖和一下？"主人是很善良的，欣然同意了他的请求。

过了一会儿，仆人说道："主人啊，我的头暖和了，可是脖子还是冷得要命，您能不能允许我把上半身也伸进来呢？"主人又同意。可是帐篷太小，主人只好把自己的桌子向外挪了挪。

又过了一会儿，仆人又说："主人啊，能不能让我把脚伸进来呢？我这样一部分冷一部分热，又倾斜着身子，实在很难受啊。"主人又同意了。可是帐篷太小，两个人实在太挤，主人只好搬到了帐篷外边。

"得寸进尺"，步步为营，你就掌握了操纵别人为你办事的技巧。

2.化整为零，让别人有头有尾地做事

有两个人做过一次有趣的调查，他们去访问郊区的一些家庭主妇，请求每个家庭主妇将一个关于交通安全的宣传标签贴在窗户上，然后在一份关于美化加州或安全驾驶的请愿书上签名。这都是一些小而无害的要求，很多家庭主妇爽快地答应了。

两周后，他们再次拜访那些合作的家庭主妇，要求她们在院内竖立一个倡议安全驾驶的大招牌，保留两个星期。该招牌并不美观，应该说这是一个大要求。结果答应了第一项请求的人中有55%的人接受了这项要求。他们又直接拜访了一些上次没有接触过的人，这些家庭主妇中只有17%的人接受了该要求。

在刚开始时表现出助人、合作的良好形象，即便别人后来的要求有些过分，也不好推辞了。想让别人做一件事，如果直接把全部任务都交给他往往会让对方产生畏难情绪，拒绝你的请求；如果化整为零，先请他做开头的一小部分，再一点一点请他做接下来的部分，别人往往会想，既然开始都做了就善始善终吧，于是就会帮忙到底。

3.先提出小要求，再提出大要求

西方二手车销售商卖车时往往把价格标得很低，等顾客同意出价购买时，又以种种借口加价。有关研究发现，这种方法往往可以使人接受较高的价格，而如果最初就开出这种价格，顾客就很难接受。

如果你有一件棘手的事想请人帮忙，或者某个要求想征得别人同意，最好不要直接说出来。在提出自己真正的要求之前，先提出一个估计人家肯定会答应的小要求。待别人答应以后，再一步步提出自己真正的要求，这样，别人答应自己要求的可能性就会大大增加。

"爬楼梯"理论

如今不少企业开始实施信息化管理，企业实施管理信息化是为了提高劳动效率、降低生产成本，但这一目标肯定不是一蹴而就的。

在管理企业的过程中，我们可以发现，实施管理信息化失败的企业被一蹴而就的错误理念所操纵，一步步把企业推进所谓的"IT黑洞"：投资几十万元甚至几百万元的计算机软硬件设备，大部分只用于文字处理和辅助计算，成为一堆昂贵的打印机和电子算盘。

国内许多企业在企业管理实践中，也逐渐发现了管理中的一些问题，比如：为什么花了许多钱，用上了一套比较昂贵的软件，却没有取得预期的管理效果，企业管理水平和员工工作效率不但没有明显提升，而且还产生了一种新的不适应症状呢？其实，这就是企业没有选好自己的"台阶"，没有将自己"爬楼梯"的高度进行准确的定位造成的。"爬楼梯"理论要求我们做出企业整体的管理信息化规划，然后从投资最少、最易实施、员工最能适应的项目做起，一步一步来实现目标，操纵企业的良好发展。具体方法如下：

实现对企业员工工作行为风险的控制与管理，通过信息化的手段实现企业的员工管理与无纸化办公，以提高企业的效率；

实现对企业员工工作积极性的激励与调动，控制与防范企业的员工忠诚度风险；

实现企业对客户的关怀与服务，防范企业客户忠诚度风险；

把企业的商务交流网站建立起来，实现潜在客户对企业的了解；

实现对企业财物风险的控制与管理。

每一步都是一个台阶，只有一步一个台阶地向上走，才能实现目标。楼梯要一个一个台阶地登，管理和改革也要一步一步慢慢进行，切不可操之过急。慢中求稳妥，企业才能顺利发展。

1.企业中的"爬楼梯"理论的具体应用

企业如何在资金和人力都有限的情况下实施管理信息化？金和公司作为企业信息化领域的从业者，在十多年的实践中，通过对几百家核心客户进行详细跟踪，总结并积累了许多宝贵的经验，总结出了"爬楼梯"理论。

"爬楼梯"理论是指：目标定位是全面的管理信息化，即要爬到顶楼，工作要一步一步做，要一级台阶一级台阶向上走。

针对信息化建设，结合对"爬楼梯"理论的理解，金和提出了全面的解决方案：建立网络协同办公平台IOA和金和网上人力资源管理系统IHRM；建立金和网上客户关系管理系统ICRM；专门成立了中交网及电子商务部门。通过提供各种数据接口，金和以上的几大系统均可以挂接各类财务软件，以网络协同办公平台为核心，实现对企业信息化的精确管理整体解决方案。

另外，金和还针对企业为数众多的项目管理需求，研发了项目管理系统。金和信息化方案中的财务软件采用OEM策略等。

在生活中，我们可以发现，幼儿园的台阶都比较平缓，每一级高度也比较低，这些都是为了适应小朋友而设计的，而写字楼的台阶相对较高，适合成年人走路。企业在进行信息化建设时也要寻找合适自己的台阶，这样才能走得更稳、走得更好。

2. 成功的经验在于积累

刘涛经常出差，经常买不到对号入座的车票。可是无论长途短途，无论车上多挤，刘涛说，他总能找到座位。

刘涛的办法其实很简单，就是耐心地一节车厢一节车厢地找过去。这个办法听上去似乎并不高明，但却很管用。每次，刘涛都做好了从第一节车厢走到最后一节车厢的准备。可是，每次刘涛都用不着走到最后就会发现空位。刘涛说，这是因为像他这样锲而不舍找座位的乘客实在不多。经常是在刘涛落座的车厢里尚余若干座位，而在其他车厢的过道和车厢接头处，仍然人满为患。

刘涛说，大多数乘客轻易就被一两节车厢拥挤的表面现象迷惑了，不大细想在数十次停靠之中，从火车十几个车门上上下下的流动中蕴藏着多少提供座位的机遇。即使想到了，他们也没有那份寻找的耐心。眼前的一方小小立足之地很容易让大多数人满足，为了一两个座位背负着行囊挤来挤去，有些人也觉得不值。他们还担心，万一找不到座位，回头连个好好站着的地方也没有了。与生活中一些安于现状、不思进取、害怕失败的人永远只能滞留在没有成功的起点上一样，这些不愿主动找座位的乘客大多只能在上车时最初的落脚之处一直站到下车。

经验的不断累积形成了解决问题的方法，可以说一个好方法也是不断地对经验和实践所做的最好的总结。积累经验是一个点滴的过程，通过积累的方式获得方法并不是笨拙，我们所说的水滴石穿，不也是通过水滴不断地滴到石头上的这个方式来获得穿透这个结果吗？经过不断地积累经验，方法也就自然容易总结和运用了。

🔑 循序渐进是成功的捷径

脚踏实地、循序渐进地做事并不等于愚笨，它需要的是有韧性而不失目标，时刻在前进，哪怕每一次仅仅延长很短的、不为人所瞩目的距离。成功大多来自这些前进量微小而又不间断的"脚踏实地"。每天进步一点点，何尝不是一条成功的捷径。

1．一步一个脚印，终究会克服困难

史蒂芬·威尔逊是美国维斯卡亚机械制造公司的CEO，让人意想不到的是：他的求职之路是从一个车间清洁工开始的！

学机械制造的史蒂芬和几位同学从哈佛大学毕业后，非常希望能进入美国维斯卡亚机械制造公司工作，于是他们一起给公司写了自荐信。然而，他们的自荐信很快被退了回来，并被告知公司并不准备聘用只有理论知识而没有实践经验的人。史蒂芬的几位同学在遭到拒绝后，纷纷凭着学历在别的公司里直接进入了管理阶层，而史蒂芬没有放弃当初的目标，依旧把眼光停在最能让他发挥才智的美国维斯卡亚机械制造公司。

有一次，史蒂芬在农场里帮助父亲收割向日葵，他发现因为雨水的缘故，有很多葵花子在植株的顶端发了芽。父亲说："这些葵花子这么迫不及待地发芽，结果只有死路一条，想发芽开花就必须钻到泥土里去才行！"听完这话，史蒂芬忽然想到了什么。

当天回家后，史蒂芬把自己的文凭全都塞进了抽屉里，然后来到维斯卡亚机械制造公司，表示自己愿意不计报酬为该公司打扫卫生。

史蒂芬的做法让同学们大为不解，这样一个人才竟然愿意不计报酬地工作。但史蒂芬却在日常的工作中越来越意识到，这份在别人眼中不屑一顾的工作，会让他拥有某种条件。因为史蒂芬在打扫卫生的过程中，细心观察了整个公司各部门的生产情况，并一一作了详细的记录。半年多后，他发现了公司在生产中有一个技术性漏洞。为此，他花了近一年的时间搞设计，通过在工作中积累的大量统计数据，最终想出了一个足以改变现状的方法。

第二天，史蒂芬揣着自己的想法敲响了总经理办公室的门。在总经理面前，他对出现的问题进行了合理的解释，并且在工程技术方面提出了自己的观点，最后，他拿出了自己对产品的改造方案，这个方案恰到好处地保留了产品原有的优点，同时又避免了容易出现的问题。

十年之后，史蒂芬荣升为美国维斯卡亚机械制造公司的CEO。

史蒂芬所做的事情一点也不需要超人的智慧，只是一环扣一环地前进，也就是我们常说的"一步一个脚印"。

2.做事不能急于求成

马克毕业于华中某名牌大学行政管理专业，为了照顾比自己小一届的女友，他在毕业时选择了留在当地工作，去一家颇具规模的高科技公司担任人事专员。尽管如此，马克仍然很清楚地知道自己当初的目标是要到上海那个最具有活力和希望的城市开创一番事业。于是在一年后女友毕业开始找工作时，他毅然放弃了在当地收入不错的工作，和女友一起到了上海。

到上海之前，做事富有计划性的马克早就通过人才招聘网的职位搜索器查找了很多适合自己的职位，并且在选择时有自己清晰明确的定位——专找针对毕业生的招聘职位。聪明的他明白，在竞争激烈的上海要谋求一份理想的职位，以自己目前的条件来说是不实际的，于是就选择要求稍低的大学生招聘职位作为自己到上海落脚的第一步。拥有一年工作经验、名校毕业的马克虽然人不在上海，却很容易便从各大招聘的渠道获得了很多上海公司的面试通知。在花了一周的时间来上海面试了其中的四家公司后，他选择了一家和原来公司行业相近的电脑公司。马克的"上海攻略"正式完成了第一个步骤。

站稳脚跟之后，马克并没有急于寻找更高的地方往上跳，而是一边工作一边在各大招聘网站里"潜水"，定时了解各行业各公司的招聘信息。他明白自己还没有完全适应新的环境，他在等待，等待时机的成熟，等待自己的成熟。

终于，当一家在国内数一数二的大型服装企业将总部移师上海并大举招聘时，马克通过网站再次投出了他的简历。与第一次广投简历不同的是，这次马克的目标明确，方向清晰，求职需求直接锁定了招聘专员一职。虽然公司的行业性质完全不同，但是由于两者都是采用大规模的专卖店和加盟门店的经营模式，所以在低端销售人员招聘的环节上可谓同出一辙——这使得马克很快就获得了面试机会。而同为上海"外来人"的背景更使得他在面试中脱颖而出，成功获得了工作机会。

现在，马克已经成为该公司专门负责招聘工作的主管了。

脚踏实地，不急不躁，等待机会，抓住机会，我们终有一天会获得自己满意的职位。

第九章
"以退为进"——让你反败为胜

　　以弱胜强，退一步海阔天空；以柔克刚，温柔的力量胜于一切严苛的手段。

　　在我们遇到的困难中，有的难题可以凭借我们的力量征服，而有的难题却比我们的力量强大数倍。俗话说："好汉不吃眼前亏，软手不碰硬钉子。"面对比我们强大得多的困难，与其硬碰硬，不如先退一步再前进。正如一个优秀的拳击手，只有缩回来的拳头再出击时才会更有力。

遇强则示弱

困难像前进道路上颗颗铁打的钉子，不拔除就会阻碍前进的步伐，但仅仅靠自身的柔弱力量又奈何不了这些"硬钉子"。这时应该让这种"软"与"硬""强"与"弱"的态势有一个有效的改变策略，那就是遇强则示弱，遇弱则示强。

"遇强则示弱"的意思是：如果你碰到的是个有实力的强者，而且他的实力明显高于你，那么你不必为了面子或意气而与他争强，因为一旦硬碰硬，固然也有可能摧折对方，但毁了自己的可能性却也很高，因此不妨示弱，化解对方的戒心。

俗话说："鹰立如睡，虎行似病。"这形象地说明了两种自然界最强有力的动物的攫食之道。强者装弱的这种妙法，既避免了自己因锋芒太露而引来攻击，同时又麻痹了对手的防备意识。所以这两种动物一旦出手捕食，几乎就不会落空。而古今许多谋划大业者，也借助此道取得了成功。

魏明帝景初三年（公元239年）正月，明帝曹睿在弥留之际，命司马懿和曹爽辅佐幼子曹芳，并让齐王曹芳前去抱司马懿的脖子以示亲近，司马懿感激涕零，连表忠心。当日即立曹芳为皇太子，曹睿便放心地死了。丧事办完后，遵照遗嘱，大将军曹爽和太尉司马懿共掌朝政辅佐幼主。当时，曹芳刚刚八岁，大权自然落在曹爽和司马懿手中。

曹爽是曹真之子。曹真是魏武帝曹操的侄子，历事武帝、文帝、明帝三朝，为人明敏练达，颇受信任。由于父亲为朝廷重臣，曹爽也很受重视，又因为是宗室子弟，所以当了顾命大臣。司马懿也是曹魏的开国元勋，曾随曹操南征北战，立下汗马功劳，是握有兵权的朝廷重臣。

司马懿老谋深算，德高望重，两个儿子司马师、司马昭也能征善战，故对曹氏政权构成了很大威胁。曹爽宗室后代，也有一定资历，当时曹芳年幼自然没什么主意，总怕大权旁落他人之手，当然要倾向于曹爽而疏远司马懿。几年后，曹爽渐渐地培植自己的势力，排挤司马懿的人，等到时机成熟时，又夺了司马懿的兵权，撤销了其太尉的实职，安排了一个太傅的空衔。司马懿见曹爽的势力控制了朝廷，于是就装病在家，不问朝政了。

曹爽揽权贪位，见司马懿告病居家，也不问是真是假，便得意忘形起来。他提拔自己的弟弟曹羲为中领军，曹训为武卫将军，曹彦为散骑常侍，控制了宫廷京师的武装大权。因此曹爽日益胆大妄为，天天与亲近的人吃喝玩乐，出行的时候车辆仪仗舆服皆仿皇帝规模，甚至把宫中的妃嫔、乐师也带回家中寻欢作乐。曹爽的所作所为渐渐失去人心，一些正直的官吏有些看不惯，非议渐起。

司马懿装病居家，其实一天也没闲着，对朝政和时局反而更加关注了。他对曹爽的行为及其渐失人心的情况都了如指掌，心中暗暗高兴，静待时机到来。

正始九年（公元248年）冬，曹爽的党羽李胜由河南尹调任为荆州刺史。临行前到太傅司马懿家去辞行。司马懿熟谙官场之事，听说李胜来访，向身旁的侍女嘱咐几句后传令觐见。

李胜来到司马懿养病的卧室，只见司马懿躺在病榻上，头发散乱，面容憔悴。一看李胜进屋，忙挣扎着要坐起，两个侍女立刻扶起他，一个侍女递给他外衣，司马懿十分用力地去接衣服，然而手一颤，衣服竟落在地上。两个侍女忙弯腰帮他拣起，好不容易才把衣服穿上。接着司马懿又以手指着嘴，侍女忙端来一碗稀粥，司马懿也不用手去端，伸了伸脖子就喝，结果里一半外一半，胡子上都是稀粥和饭粒，前大襟上还洒了一大片，侍女忙拿手巾来擦。李胜见状，忙往前凑了凑："只听人们说您中风病犯了，想不到竟病到这种程度。"司马懿上气不接下气地说:"唉!年老病重,死期不远。君屈任并州,并州接近胡地,您可要当心啊!"说完喘了两口气又说,"恐怕你我不能再见面了,我把两个儿子师、昭托付给您,请您多照应。"李胜见他说错了,就纠正说:"我上任荆州,不是并州!"司马懿听了,大惑不解,偏偏头侧过耳朵问:"什么——放到并州?"李胜只好再改口说:"我被放到荆州。"司马懿这才若有所悟地说:"啊!都怪我年老意荒,耳朵也背,没听明白你的话。您这回到'并'州任官,要好好建功立业啊。"又寒暄几句,李胜告辞。

曹爽得到李胜的报告,听他绘声绘色地描述司马懿病重昏聩的老态,心中更加轻松,完全不把司马懿放在心上了。司马懿用这种装聋卖傻的方法打发了属于曹爽一党来探望病情的几个人后,见再也无人问疾,便知此计奏效,于是加紧了各项准备工作。

正始十年正月甲午日(公元249年2月5日),皇帝曹芳到洛阳城外的南山去祭扫明帝的平陵。掌握兵权的曹爽、曹羲、曹训兄弟三人全部随驾出城。平陵距洛阳90里,按当时的交通条件势必不能当日返回,必须驻跸在外。

曹爽兄弟随皇帝出城的消息早有人报告给司马懿,他一边派人去观察,一边就开始了紧张的部署。待三个时辰过后,估计皇帝车驾出城已远,司马懿立刻分派两个儿子、心腹家人及以前的门生故吏分别夺取城中禁军的兵权,马上占领了武器库、府库、皇宫和太后宫等要害部门,又以最快的速度关闭所有的城门,并立即带领亲兵出城驻守洛水浮桥边。一个时辰内,一切部署停当,整个洛阳城进入了高度紧张的备战状态。就这样,司马懿控制了京城和皇太后。一切就绪后,司马懿以皇太后的名义写信给曹爽,要求他保护皇帝回城,只要投降即可免杀。曹爽本是庸俗无能之辈,不听手下人的劝告,竟然投降回城。不久,司马懿在剪除曹爽的羽翼之后,就以谋大逆的罪名把曹爽兄弟及其亲信诛杀殆尽,从此,司马氏独掌朝廷大权,为篡魏自立、建立西晋王朝奠定了基础。

司马懿本身即是鹰是虎,却又装成衰弱得不堪一击。曹爽受了麻痹,只当他是只病猫，却不知自己早已成了司马懿爪下的猎取对象。司马懿把心高而气不傲演绎到了极致，野心勃勃却看起来行将待毙，所以，他的成功就只是时机的问题了。

孙膑和庞涓都是鬼谷子的学生，后来各为其主领兵打仗，昔日同窗今日却成了对手冤家。孙膑技高一筹，斗智不斗力，隐强示弱，逐渐减少兵灶数目。庞涓认为孙膑兵力在逐渐减少，自然大喜，命令手下军士抛下辎重，轻装上阵，紧追不舍。最后两军战于马陵，孙膑集合全部兵马给庞涓迎头痛击，大煞敌人威风。可怜庞涓羞败，只好自刎而死。孙膑减灶，逼死庞涓，传为千古美谈。

适当地表现出自己的"懦弱"并不意味着真的胆小怕事，以弱示人往往会有更大的收获。

⚷ 以柔克刚，四两拨千斤

自以为是的人，常会被盲目自信所困。所以，以刚克刚是他们小聪明的表现。真正的强者常善于以柔克刚，此可谓真智慧！

有句俗语叫"四两拨千斤"，讲的正是以柔克刚的道理。俗话说："百人百心，百人百性。"有的人性格内向，有的人性格外向，有的人性格柔和，有的人则性格刚烈，各有特点，又各有利弊。然而纵观历史，我们不难发现，往往刚烈之人容易被柔和之人征服利用。为人处世更需要善于以柔克刚。

大凡刚烈之人，其情绪颇好激动，情绪激动则很容易使人缺乏理智，仅凭一股冲动去做或不做某些事情，这便是刚烈之人的特点，恰恰也是其致命的弱点。

俗话说："牵牛要牵牛鼻子，打蛇要打七寸处。"应以己之长，克敌之短，对待刚烈之人如果以硬碰硬，势必会使双方都失去理智，头脑发热，做事不计后果，最终，各有损伤，事情也必然闹砸。过犹不及，悔之晚矣。

倘若以柔和之姿去面对刚烈火暴之人，则会是另一番局面，恰似细雨之于烈火，虽说不能当即将火扑灭，却有效控制住了火势，并一点点地将火灭去。但若暴雨一阵，火灭去，又添洪水泛滥之灾，一浪刚平又起一浪，得不偿失。

1. 以柔克刚

春秋末期，郑国宰相子产在治理国家方面刚柔并济，以柔为上，柔以制刚。郑国是一个小国，国力甚弱，要想在大国林立的空间求得生存，增强国家的实力刻不容缓。子产提倡振兴农业，兴修农事，同时征新税，以确保有足够的军费供应和给养。

新税征收伊始，民众怨声四起，沸沸扬扬，甚至有人扬言要杀死子产，朝中也有不少大臣站出来表示反对。子产毫不理会，也不做过多的解释，只是耐心等待事态的发展。他说："国家利益为重，必要时自然要牺牲个人利益，服从国家利益。我听说做事应当有始有终，不能虎头蛇尾。有善始而无善终，那样必然一事无成，所以，我必须将这件事做完。"

新税照常征收，由于还采取了振兴农业的办法，很快农业发展，民众由怨到赞，众人敬服。

子产在各地遍设乡校，因乡校言论自由，有些对政治不满的人往往把乡校作为论坛进行政治活动。

有人担心长期下去会影响统治，建议取缔。子产却说："这是没有必要的。百姓劳累一天，到乡校中发发牢骚、评谈政治，很正常。我们可以作为参照，择善而从，鉴证得失。若强行压制，岂不如以土塞川，暂时或许会堵住水流，但必将招来更猛的洪水激流，冲决堤坝。那时，恐怕就无力回天了。若慢慢疏导，引水入渠，分流而治，岂不更好？"众人皆服。

这里子产采用的就是以柔克刚的做事之道。有些自作聪明者，往往盲目自信，以为以刚克刚，无往不胜。实际上，做人办事不能简单粗暴，应学会从大处着眼，以柔克刚。

2.理直也气和

"小姐！你过来！你过来！"顾客高声喊，指着面前的杯子，满脸寒霜地说，"看看！你们的牛奶是坏的，把我的一杯红茶都糟蹋了！"

"真对不起！"服务小姐赔不是地笑道："我立刻给您换一杯。"新红茶很快就准备好了，碟边跟前一杯一样，放着新鲜的柠檬和牛奶。小姐轻轻放在顾客面前，又轻声地说："我是不是能建议您，如果放柠檬，就不要加牛奶，因为有时候柠檬酸会造成牛奶结块。"

顾客的脸一下子红了，匆匆喝完茶走了出去。

有人笑问服务小姐："明明是他土，你为什么不直说呢？他那么粗鲁地叫你，你为什么不还以一点颜色？"

"正因为他粗鲁，所以要用婉转的方法对待；正因为道理一说就明白，所以用不着大声。"服务小姐说，"理不直的人，常用气壮来压人。理直的人，要用气和来交朋友。"

每个人都点头笑了，对这餐馆增加了许多好感。往后的日子，他们每次见到这位服务小姐，都想起她"理直气和"的理论，也用他们的眼睛，证明这小姐的话有多么正确——他们常看到，那位曾经粗鲁的客人，和颜悦色、轻声细气地与服务小姐寒暄。

我们往往欣赏"理直气壮"，却往往忽视"理直气和"的绝妙之处。常言道："有理不在声高。"对于别人的无知、粗鲁，我们最好用温柔的力量去化解，学会理直气和地处理问题，而不是理直气壮地与别人对抗。

退后一小步，前进一大步

一般人都会有这样的经验，有时候做事情会遇到"僵在那里，进退两难，不死不活"的情形。凡是遇到这些难以控制的变化时，你要有应变、求变的能力，不妨运用小屈大伸的智慧。凡欲成事者应该牢记屈即是伸的原理，否则就会遭遇失败。

其实，人必要的糊涂还是应该有的，不必与人较真，也许会有好结果。这在职场和人际交往中尤其重要。假如自己不对，而对方又是上司的话，一定要先道歉。因为在这种时候还辩解，难免使对方面子上过不去，给对方一种狡辩或反抗的感觉。所以，主动道歉就是一种以屈代伸之道。

人生在世，荣辱之间，本来是浮沉无常，忍得一时委屈图长远之计，这是志在四海者不可或缺的工夫和修行。企业家和普通人都不例外。

以屈求伸的关键之一，便是在受屈时忍怒、沉着，免得在时机不成熟时提前反弹。屈伸定理要求你转胡同时不迷失方向。找不着北的人，屈了也不会伸，聪明人却能用此策略脱险。

总之，没有糊涂就没有聪明，没有屈便没有伸，屈与伸相伴而生。山重水复疑无路？多转几个胡同就会找到家了。善于糊涂的高手总在谋求小屈大伸的最佳方法——能屈能伸，小屈大伸。

1.韬光养晦，学会"低头"

富兰克林小时候到一位长者家里去拜访，聆听前辈的教诲。没料到，他还没进门头就在门框上狠狠地撞了一下。身材高大的富兰克林疼痛难忍，不停地用手指揉着自己头上的大包，两眼瞪着那个低于正常标准的门框。出门迎接的长者看到他那副狼狈不堪的样子，忍不住笑起来："年轻人，很痛吧？"这位长者语重心长地说，"这可是你今天来这儿最大的收获。"

面对人生旅途中一个个低矮的"门框"，暂时低头并非卑屈，而是为了长久地抬头。一时的退让绝非是丧失原则和失去自尊，而是为了更好地前进。缩回来的拳头，打出去才有力。只有采取这种积极而且明智的初始方法，才能审时度势，通过迂回和缓而达到目的，实现超越。

2.先求稳当，再求变化

洛克菲勒对初涉社会的儿子说："你在现阶段进入我们公司，至少还需要五年至十年的学习。要成为熟练的经营管理人员，就必须勤学不倦。不过，为考试而一味埋头苦学是不可取的，不值得表扬。每月的得失统计表只会反映在现实生活中你是及格还是落伍。你想熟练掌握我们的经营方法，至少要花去五年的时间，熟悉顾客、工作场地、从业人员、经营阵容、外部力量的调整、内部力量的整合。到了这一阶段，你就可以享受高级轿车、轻松的旅行和豪华的餐厅了。"

一鸣惊人、一飞冲天的想法是不切实际的空谈或幻想。在发展事业的过程中，切忌暴起暴落，要脚踏实地，步步为营，先求稳，再求变，失败才不致来得太快，失望也才不会太大。纵使失败，亦不愁无东山再起之日。

3. 退是为了更好地进

绅士过独木桥，刚走几步便遇到一个孕妇。绅士很有礼貌地转过身，回到桥头让孕妇过了桥。孕妇一过桥，绅士又走上了桥。走到桥中央又遇到了一位挑柴的樵夫，绅士二话没说，回到桥头让樵夫过了桥。第三次，绅士再也不贸然上桥，而是等独木桥上的人过尽后，才匆匆上了桥。眼看就到桥头了，迎面赶来一位推独轮车的农夫。绅士这次不甘心回头，摘下帽子，向农夫致敬："亲爱的农夫先生，你看我就要到桥头了，能不能让我先过去。"农夫不干，把眼一瞪，说："你没看我推车赶集吗？"话不投机，两人争执起来。这时河面漂来一叶小舟，舟上坐着一个胖和尚。和尚刚到桥下，两人不约而同地请和尚为他们评理。

和尚双手合十，看了看农夫，问他："你真的很急吗？"农夫答道："我真的很急，晚了便赶不上集了。"和尚说："你既然急着去赶集，为什么不尽快给绅士让路呢？你只要退那么几步，绅士便过去了，绅士一过，你不就可以早点过桥了吗？"

农夫一言不发，和尚便笑着问绅士："你为什么要农夫给你让路呢，就是因为你快到桥头了吗？"

绅士争辩道："在此之前我已给许多人让了路。如果继续让农夫的话，便过不了桥了。"

"那你现在是不是就过去了呢？"和尚反问道，"你既然已经给那么多人让了路，再让农夫一次，即使过不了桥，起码保持了你的风度，何乐而不为呢？"

遇事不强出头，不硬逞能。"退一步海阔天空"，有时退一步可以求取更大的进步。退步策略也不失为一种智慧的做事手段和方法。

后发制人，反败为胜

后发制人是敌强我弱时常用的谋略。后发制人运用得当，常可以弱胜强、以少胜多。后发制人容易争取人心，动员民众，强调以我之持久，制敌之速决，避免在不利时进行决战，以便争取时间，创造条件取胜。从市场竞争上讲，后发制人避免与强大对手硬拼，等到对手走下坡路时，再乘机出击。后发制人是有目的、有预见、胸有成竹的，绝不是畏敌怯战，而是寻机待战。在市场竞争中，如果有强大的对手企图用削价抛售来占领市场，聪明的企业家决不竞相削价争夺，而是保持价格，提高质量。因为削价抛售决不能持久，待对手衰竭，就可以高质量夺回市场。

1.蓄势待发，后发制人

1950年，日本布制玩具小狗很受欢迎，有许多厂家竞争，有用绸制的，有五颜六色的，有能摇头的，都增加了不少成本，而售价却高不上去，难以持久。三鹰市有个酒井小作坊，人少本微，快被行业竞争挤垮了。可他灵机一动，用红色塑料管斜截一段插入狗嘴巴，使这个小狗宛如伸出鲜红的小舌头，有了特色，颇受孩子们的喜爱，成本也不用增加多少。酒井就是靠这后发制人的谋略，反败为胜，成为名气越来越大的玩具公司。

在生意场中，甘愿妥协退步，不是目的，而是以退步赢得时机，休息静思，想出奇招，也使自己获益。因为必需的退步是换来更大的利益，万不可在经营不利的情况下，盲目行事与对手硬拼，定要停下来寻找机会，等待时机再来竞争，反败为胜。

2. 积攒力量，厚积薄发

他出生的时候，恰逢抗战胜利，父亲欣喜之下，就给他取名凌解放，谐音"临解放"，期盼祖国早日解放；几年后，终于盼来全国解放，但是凌解放却让父亲和老师们伤透了脑筋。他的学习成绩实在太糟糕，从小学到中学都留过级，一路跌跌撞撞，直到21岁才勉强高中毕业。

高中毕业后，凌解放参军入伍，在山西大同当了一名工程兵。那时，他每天都要沉到数百米的井下去挖煤，脚上穿着长筒水靴，头上戴着矿工帽、矿灯，腰里再系一根绳子，在齐膝的黑水中摸爬滚打。听到脚下的黑水哗哗作响，抬头不见天日，他忽然感到一种前所未有的悲凉，觉得自己已走到了人生的谷底。

就这样过一辈子，他心有不甘。每天从矿井出来后，他就一头扎进团部图书馆，什么书都读，甚至连《辞海》都从头到尾啃了一遍。其实，他心里既没有明确的方向，也没有远大的目标，只知道，如果自己再不努力，这辈子就完了。以当时的条件，除了读书，他实在找不出更好的办法来改变自己。

书越看越多，渐渐地，他对古文产生了浓厚兴趣。在部队驻地附近，有一些破庙残碑，他利用业余时间，用铅笔把碑文拓下来，然后带回来潜心钻研。这些碑文晦涩难懂，书本上找不到，既无标点也没有注释，全靠自己用心琢磨。吃透了无数碑文之后，不知不觉中，他的古文水平突飞猛进，再回过头去读《古文观止》等古籍时，就非常容易。当他从部队退伍时，差不多把团部图书馆的书都读完了。就连他自己也没想到，正是这种漫无目的的自学，为自己日后的事业打下了坚实基础。

转业到地方工作后，他又开始研究《红楼梦》。由于基本功扎实，见解独到，他很快被吸收为全国红学会会员。1982年，他受邀参加了一次"红学"研讨会，专家学者们从《红楼梦》谈到曹雪芹，又谈到他的祖父曹寅，再联想起康熙皇帝，随即有人感叹，关于康熙皇帝的文学作品，国内至今仍是空白。言谈中，众人无不遗憾。说者无心，听者有意，他心里忽然冒出了一个念头，决心写一部历史小说。

这时候，他在部队打下的扎实的古文功底，终于派上了大用场，在研究第一手史料时，他几乎没费吹灰之力。盛夏酷暑，他把毛巾缠在手臂上，双脚泡在水桶里，既防蚊子又能取凉，左手拿蒲扇，右手执笔，拼了命地写作。几乎是水到渠成，1986年，他以笔名"二月河"出版了第一部长篇历史小说——《康熙大帝》。从此，他满腔的创作热情，就像迎春的二月河，激情澎湃，奔流不息。他的人生开始解冻。

毫无疑问，如果没有在部队的自学经历，就没有后来名满天下的二月河。他在21岁时跌入了人生最低谷，又在不惑之年步入巅峰。从超龄留级生到著名作家，其间的机缘转折，似乎有些误打误撞，但二月河不这么理解，他说："人生好比一口大锅，当你走到了锅底时，只要你肯努力，无论朝哪个方向，都是向上的。"

忍受暂时的屈辱，低头磨炼自己的意志，寻找合适的机会，是必不可少的心理素质。

"鸷鸟将击，卑飞敛翼；猛兽将搏，弭耳俯伏；圣人将动，必有愚色"。低头方能奋力前行，该低头时肯低头，以便寻找合适的机会后发制人。

凡事退一步

暂时的退一步是为了以后能更大步地前进，这是以退为进的战略思想，对于面临严峻考验的组织及个人来说都是可供选择的策略。当然，这需要当事人长远的目光和隐忍的态度，不能莽撞和意气用事。

每个人都渴望成功，而且希望成功连续不断，从一次小小的成功到更大的成功。仿佛人天生就是追求成功的，而不允许自己有所失败。当然，这种心思可以理解，毕竟人总是有追求的，人都想进步，都有一种追求优越感、超过别人的愿望。但事实上，人不可能在所有方面都超过别人，一味追求成功，一味闷在一条死胡同里，必然会导致失败。从某种意义上讲，人没有理由不允许别人超过自己。为什么非要去计较一城一池的得失呢？为什么非要为一点利益争得头破血流呢？为什么不向后看看？退一步海阔天空。聪明的人总是有远见卓识，他们不会一味地走进死胡同，相反，他们善于在广阔的人生海洋中发现机会。

1.以退为进，天堑变通途

有一位望子成龙的父亲为孩子的学习成绩整日担忧，因为小孩的数学成绩不好，苦恼得他吃不好饭。其实孩子的真正兴趣是在戏剧艺术上，无论什么时候一谈起京剧便能脱口而出，而且其嗓音也是极其出色的。但孩子的父亲认为，学京剧是没有出息的，于是对孩子的兴趣横加指责而不鼓励他自由发展。

后来，这位父亲听别人说，他必须退让，不能强逼孩子去干自己不愿干的事，也不能强逼他放弃自己的兴趣和业余爱好。唯一可行的办法就是退一步海阔天空，让孩子在广阔的天地里找到自己的影子、欢乐、痛苦、失败，当然，最终他肯定会找到自己的成功！

果不出所料，孩子参加了业余京剧班，进步很快，同时，学习因为没有了压力，也变得得心应手。这位父亲的心理压力去掉了，他现在觉得前边的路似乎更宽，走起来也更轻松了。

在进攻时先后退几步，以便产生更大的势能。我们又何苦只知前进、不知后退呢？在家庭的教育过程中，面对子女的成才难题，家长可以试用一下以退为进的办法，也许会出现意想不到的惊喜。

2.以退为进，让对方接受自己的建议

有一次，迪姆在纽约租下一家饭店的大厅，准备在那里搞一次为期一个月的短期培训。就在他把所有的票都印好送出、所有的通知都发下去的时候。他接到了饭店的通知，那就是必须付出比平常多三倍的价钱。汤姆自然不愿增加费用，两天后，他直接去见饭店经理。"接到你的来信，我感到十分震惊，"他说道，"但我不责怪你们，换了我，或许也会这样做。你是经理，当然要为饭店着想。现在让我们写下这件事对你们的利与弊。"

迪姆在"利"的下面这样写：

大厅可以空下来或做他用；可租给人跳舞或开会，收入会比租给我作培训用收入高；我占用一个月，你们可能会失去更大的生意。

在"弊"的下面迪姆写道：

我付不起你们的费用，会另选地址，你们将会失掉这份收入；我的培训会吸引很多受过教育的文化人，你们将会失去替自己做广告的极好机会；你们每次花一万美元在报纸上做广告，也不一定会有这么多人来参观。这对于你们来说不是

很值得吗？

"请你们仔细考虑一下，尽快通知我。"说完，迪姆把纸条留给经理就走了。

第二天，迪姆便收到回信，租金只涨50%，而不是原来的三倍。

对待冲突，有的人妥协退让，不管自己的想法对不对，这种人没有个性，很难在事业上获得成功。有人宁折不弯，结果是与人斗得两败俱伤。还有一种人懂得以退为进，让对方在一种温情脉脉的情绪中接受他的建议。最可能成就大事的人，使用的就是这种聪明的做法。

3.不妨先"整顿"一下再前进

日本日立公司为了扩大企业规模，发展生产，投入了大量资金，购买新建厂房的建筑材料，新添置了一些设备。这时，正赶上了20世纪60年代初整个日本经济萧条时期，现有产品滞销，卖不出去，扩大企业规模就可想而知了。

面对这一严峻情况日立公司有两条路可供选择：一条路是继续投资，另一条路是停止投资。日立公司经过大家认真讨论、分析、研究，最后，果断决定走后一条路，停止投资，实行战略目标转移，把资金投放到其他方面，积蓄财力，待机发展。实践证明，日立公司的决策是正确的。从1962年开始，日本三大电器公司中的东芝和三菱的营业额都有明显下降，但是日立的营业额一直到1964年仍在继续上升。进入60年代后半期，一个新的经营繁荣时期到来了，蓄势已久的日立不失时机地积极投资。1967年投入了102亿日元，1968年上升到160亿日元，1969年上半年就突破了千亿大关，达1220亿日元。从效益上看，1966年到1970年，五年内销售额提高了1.7倍，利润提高了1.8倍。

退本身并不能说明我们胆怯、弱小、是逃兵；相反，能进能退、能屈能伸是智慧的象征。古人形容大丈夫"能屈能伸"。可见大丈夫行事，理应是有进有退。退是为了更好地进攻，就像战斗需要战士有韧性，没有韧性的战士终究会失败。

当然，退也是有限度的，不能无休止地退让。退到我们不能再退为止，这时的反攻，其势绝对不可挡，而成功也将势在必得。

吃亏是一种气度

与人交往的过程中，有的人不肯吃亏，吃不得亏，一旦发觉自己吃了亏立刻大动干戈，这是不明智的。如果以这样的态度与人交往，恐怕用不了多久你的朋友们就会远离你。表面上看，吃亏确实是一种损失。不过有失必有得，有时候你的"小失"却会为你换来"大得"。

吃亏不是普通意义上的利益损失，更多地表现为一种气度，一种给予。这种面对利益得失的淡泊，能够审时度势的气魄才是大将的风范。管鲍之交的故事我们早有耳闻：旁人都说管仲在占鲍叔牙的便宜，但是鲍叔牙却处处为管仲说话，并且推荐管仲为宰相。鲍叔牙不计得失，才交到一位人生挚友，也为国家寻觅到一位将相之才。所以说，吃亏是福应作为每个人所必备的社交智慧和法则。

1. 吃小亏得大益

一个年轻人刚大学毕业就进入某产品的销售部，负责产品推广。他拥有一流的口才，更可贵的是他的工作态度和吃苦精神。那时，公司正在着手新产品的销售渠道，新老产品都同时赶着销售，每一位员工都很忙，但领导并没有增加人手的打算。于是，负责旧产品销售的人员总是被指挥去新产品销售团队里帮忙。不过整个销售部只有那个年轻人欣然接受老板的指派，其他的人都是去一两次就抗议了，觉得超越了自己负责的范围。那些觉得有经验的老将们有意无意地嘲笑他傻，他听了以后不以为意："吃亏就是占便宜嘛！"

老员工们很奇怪，他有什么便宜可占呢？总是看到他跟个苦力一样四处奔波，为新产品贴广告，发传单，暗自想这真是一个傻人。后来，他还常去下层生产部，参与现场的生产，只要哪缺人手，他都乐意去帮忙。

两年过后，正是这位被嘲笑的傻人，积累了很多经验后，自己成立了一家设备销售公司，虽然规模不大，但是前景很乐观。原来他在以前公司任劳任怨的时候，把销售公司的基本流程都看懂了，这样说来，他真的是占了大便宜啊！现在，他仍然抱着这样的态度做事，对下属、对客户、对合作方，他都以吃亏来换取合作者和客户的信任，换来下属员工的一致拥护。这样高尚的修养使他在年轻一辈中脱颖而出。坦然面对吃亏并接受它，是一把成功的钥匙。有时候一点点额外的付出，既赢得了他人的感激，也赢来了他人的信任。

2. 不计较眼前得失

1947年3月，胡宗南奉蒋介石之命，调集23万国民党军队从南、西、北三面向陕北进攻。作为决策者的毛泽东，缜密地分析了敌人的企图，将敌我双方的兵力进行了全面的比较，同时把保卫延安的战斗与其他解放区的斗争以及与解放全中国的关系作了系统全面的综合分析。在此基础上，毛泽东毅然作出判断，暂时撤离延安，诱敌深入，让敌人占一点地方，背上包袱，而我们则轻装上阵，在运动中寻找机会歼灭敌人。当时有很多人不理解，毛泽东在说服他们时指出，我们不要计较一城一地的得失，今天放弃延安，意味着将来解放延安、南京、北平、上海，进而解放全中国，拿延安换取全中国，是合算的。在撤离延安前夕，他接见了中国人民的朋友——美国记者安娜·路易斯·斯特朗，告诉她说，再过一年，最多两年，我们的延安就会重新回到人民的怀抱。毛泽东的战略眼光和英明决策最终得到了历史的印证。

吃眼前亏是为了换取其他利益，不计较眼前的得失是为了着眼于更大的目标。

3.做生意中的妥协和退让策略

英国友尼利福公司的经理柯尔在企业经营中，有一个基本的信条，即"不拘束于体面，而以相互利益为前提"。依据这一信条，他在企业经营和生意谈判中常常采用退让策略。在一定情况下，甘愿妥协退步，以赢得时机发展自己。结果可能是退一步，进两步，实质上还是自身获益。

友尼利福公司在非洲东海岸早就设有大规模的友那蒂特非洲子公司，那里有丰富的肥料，适合于栽培食用油原料落花生，是友尼利福公司的一块宝地，也是其主要的财源之一。第二次世界大战结束后，随着非洲民族独立运动的兴起和发展，友尼利福这些肥沃的落花生栽培地一块块地被非洲国家没收，这使该公司面临极大的危机。针对这种形势，柯尔对非洲子公司发出了六条指令：第一，非洲各地所有友那蒂特公司系统的首席经理人员，迅速启用非洲人；第二，取消黑人与白人的工资差异，实行同工同酬；第三，在尼日利亚设立经营干部养成所，培养非洲人干部；第四，采取互相受益的政策；第五，逐步寻求生存之道；第六，不可拘束体面问题，应以创造最大利益为要务。柯尔在与加纳政府的交涉中，为了表示尊重对方的利益，主动把自己的栽培地提供给加纳政府，从而获得了加纳政府的好感。后来，为了报答他，加纳指定友尼利福公司为加纳政府食用油原料买卖的代理人，这就使柯尔在加纳拥有了独占专利权。

在同几内亚政府的交涉中，柯尔表示自行撤走公司，他的这种坦诚的态度反而使几内亚受到感动，因而允许柯尔的公司留在几内亚。在同其他几个国家的交涉中，柯尔也都采用了退让政策，从而使公司平安渡过了难关。

在生意场中，必要的退让可以换来更大的利益；一味地咄咄逼人则有可能使你陷入死胡同。当然，退让策略的运用，既要适时，又要得体，一定要充分掌握对方的心理活动，使自己有必胜的信心，同时，要对自己控制局势的能力有正确的估计，万不可不分时机地滥用。

敢于认错，错误就成了财富

每一个人在一生中都会或多或少、或轻或重地犯错误，做错事。但是，人们对待错误的态度是不同的，有些人选择勇敢承认自己的错误，承担自己应该承担的责任；也有些人选择逃避过错，推卸责任。卡耐基说："若能抬起头承认自己的错误，那么错误也能有益于你。因为承认一桩错误，不仅能增加四周的人们对你的尊敬，还会增加你的自信。"

困难不在于意识不到自己的错误，而在于人们都坚持错误的冲动。只有杰出者才能克服这种冲动。

承认错误，担负责任，是每个人都应尽的义务，任何不愿破坏自己名誉的人，都必须认真对待错误和责任。这也是每个人都应具备的最起码的品德。所以，能够真诚承认错误的人，是敢于面对错误，希望自己更加优秀的人。

托马斯·卡莱尔曾经说："最严重的错误莫过于不觉得自己有任何错误。"换句话说，承认错误也就是领导者纠正错误走向正确的第一步。但是这个世界上有太多的人试图修复某些事情，却不会直面已经形成的错误，经常用各种旁观者看来无法理解的方式来掩饰自己的错误，但结果只能是欲盖弥彰。因为他们忘记了，承认错误，别人至多会觉得你无能；掩饰错误却更糟糕，使别人不仅会觉得你无能，还会认为你虚伪。

营救驻伊朗的美国大使馆人质的作战计划失败后，当时美国总统吉米·卡特在电视里郑重声明："一切责任在我。"仅仅因为这句话，卡特总统的支持率骤然上升了1000。

1.主动认错有助于解决因错误所制造的问题

职场上，下属最担心的就是做错事，特别是花了很多精力又出了错，在这种情况下，如果领导能够主动承认"一切责任在我"，那么下属又会是何种心境呢？下属对领导进行评价，往往要看领导是否有责任感，是否勇于承担责任。如果领导者有这样的品质，那么不仅会使下属有安全感，还会使下属反思自己的缺陷，从而增强下属的责任感。

一个人有勇气承认自己的错误，可以获得某种程度的满足感。这不只可以清除罪恶感和自我保护的气氛，而且有助于解决这项错误所制造的问题。

2. 承认错误让你和对手握手言和，赢得好人缘

1754年，华盛顿还是一位上校，率领部下驻守在亚历山大市。有一次，选举弗吉尼亚议会议员时，一名叫威廉·佩思的人反对华盛顿所支持的候选人。

据说，华盛顿与佩思在关于选举问题的某一点上发生了激烈的争论，他说了一些冒犯佩思的话。佩思把华盛顿一拳打倒在地，华盛顿的部下马上赶了过来，准备替他们的长官报仇。华盛顿当场予以阻止，并劝他们返回营地。

第二天一早，华盛顿给佩思送去一张便条，要求他尽快到一家小酒店去。

佩思如约到来，他是准备来进行一场决斗的，令他感到惊奇的是，他看到的不是手枪而是酒杯。

"佩思先生，"华盛顿说，"犯错误乃人之常情，纠正错误是件光荣的事。昨天是我不对，你已经在某种程度上得到了满足。如果你认为到此可以解决的话，那么请握我的手——让我们交朋友吧。"从此以后，佩思便成了一个热烈拥护华盛顿的人。

把注意力集中在错误本身的做法是不明智的。无论什么问题发生时，寻找解决方法，并且尽力避免重犯类似的错误，才是最重要的。

自己主动认错比别人提出批评后再认错更能赢得别人的宽容，得到别人的谅解。

谁都难免会犯一些错误。当我们犯错误的时候，脑子里往往会出现想隐瞒错误的想法，害怕承认之后会很没面子。其实，承认错误并不是丢脸的事；反之，在某种意义上，它还是一种具有"英雄色彩"的行为。因为错误承认得越及时，就越容易得到改正和补救。更何况一次错误并不会毁掉你今后的道路，而真正会造成阻碍的是不愿承担责任、不愿改正错误的态度。

主动揽过，好处多多

不论我们用什么方式说"你错了"，不论是一句话、一个眼神、一种说话的声调、一个手势，只要让对方听出或看出"你错了"的意思，他就绝不会有好脸色给你。因为你直接打击了他的智慧、判断力、荣耀和自尊心。这只会使他想反击，但决不会使他改变心意。没有人愿意承认自己不如对方高明，指责对方的错误无疑是在跟人们自尊自大的心理作对，且暴露了自己好为人师的优越心理，这是令人反感的。如果换一种方式，把过错揽到自己身上，既不会有损他人的自尊心，也有利于事情的处理。

在紧急情况下，有些事情不能很快分辨出真假对错时，把过错揽在自己身上并不是懦弱的表现，也不是令人丢脸的事，而是表现出一种风度。不管谁对谁错，一声"对不起"总可以把即将激化的矛盾缓和下来，也将会成为一种消除矛盾的调和剂。

1. 代人受过，赢得更多信任

日本的古都奈良偎于青山环抱之中，这里既有金碧辉煌的古迹名胜，又有小白长红、迎春摇曳的樱花，加之现代化的娱乐设施与世界上的一流旅店、周到殷勤的服务，使每年春夏两季的各国游客接踵而至。4月以后，燕子又争相飞来，纷纷在宾馆饭店筑巢栖息，繁衍后代，给奈良平添了一种温馨宜人的自然景观。好客的店主人和服务员小姐，很乐意为小燕子提供营巢的方便。

可是，招人喜爱的小燕子却有个随便排泄的毛病，刚出壳的雏燕更是把粪便溅在明净的玻璃窗上、雅洁的走廊里。旅店的服务员小姐尽管不停地擦洗，但燕子们的我行我素总使旅店留下污渍。这使游客非常扫兴，服务员小姐也开始抱怨了。宾馆饭店的经理们锁紧了眉头。他们知道，要想彻底清除小燕子的粪便污渍只有两个办法，一是增添员工，二是赶走小燕子，但试过之后都行不通。小燕子的粪便污渍有碍观瞻，这成了奈良旅游业发展的一大难题。

有一天，奈良饭店的经理在接待台湾的一个旅行团时，偶尔听到了一个中国的成语"李代桃僵"。请教之后才知道大意是代人受过，他马上想起了无法对付的小燕子的粪便污渍，不由心中一亮，为什么不能让小燕子代本店受过呢？于是，他绞尽脑汁，以小燕子的名义拟了一则奇特的启事：

女士们、先生们：

我们是刚从南方赶到这儿来陪伴你们过春天的小燕子。没有征得主人的同意，在这儿筑了窝，还要生儿育女。我们的小宝贝年幼无知很不懂事，我们的习惯也很不好，常常弄脏你们的玻璃和走廊，使你们不愉快。我们很过意不去，请女士们、先生们多多原谅。

还有一件事恳求女士们和先生们，请你们千万不要埋怨服务员小姐，她们是很辛苦的，只是擦不胜擦，这完全是我们的过错，请你们稍等一会儿。她们就来。

你们的朋友燕子

小燕子天真烂漫地道歉，把寻找欢乐的游客们逗得前仰后合，他们肚子里的那股怨气也在笑声中悄然散去。每当他们再看到窗上、走廊里的点滴粪便污渍，就会自然而然地想起小燕子那亲昵风趣的话语，又会忍俊不禁。

如果用代人受过的态度处理一些让人不满的事件，同时做到巧妙而且和善可亲，不但可以赢得对方的理解和谅解，我们也会为自己的坦白直率而自豪。

2.主动揽过，让纷争烟消云散

有两户人家紧邻而居，东家的人和乐相融，生活幸福美满，西家的人经常争吵，天天鸡犬不宁。这种情形引起了一位社会学专家的兴趣。社会学专家问东家的人说："你们一家人为什么从不像西家人那样经常争吵，而能够和睦相处呢？""因为我们一家人都认为自己是做错事的坏人，所以能够互相忍让相安无事。而他们一家人都认为自己是好人，因此争论不休大打出手。"东家的人如此回答。

社会学家又问："这是怎么回事呢？"

东家人回答说："譬如有一个茶杯被打破了。在他们家自以为自己是好人的情况下，打破杯子的人不肯认错，还理直气壮地大骂：'是谁把茶杯乱摆在这里的？'摆杯子的人也不甘示弱地反驳：'是我摆的，你为何不小心把它打破了？'彼此间不肯认错，不肯退让，僵持不下当然会吵架了。可是我们家，如果谁不小心打破茶杯，就会抱歉地说：'对不起，是我疏忽打破了杯子。'而放茶杯的人听到也会回答：'这不全怪你，是我不应该将茶杯放在那儿。'像这样坦白承认自己的过失，互相礼让，怎么会吵架呢？"社会学专家点了点头。

当我们说对方错了时，对方的反应也许会很激烈，而当我们主动揽过，就绝不会有这样的麻烦。替人揽过不但会避免争执，而且可以使对方跟你一样的宽宏大度，承认他也可能弄错。

3.替人解围，化解面子上的难堪

周恩来总理率中国政府代表团慰问驻旅大使馆的苏联官员。在我方举行的招待宴会上，一名苏军中尉翻译总理讲话时，译错了一个地方。我方一位同志当场作了纠正，这使总理感到很意外，也使在场的苏联驻军总司令大为恼火。因为部下在这种场合的失误使司令有些丢面子，他马上走过去，要撕下中尉的肩章和领徽。宴会大厅里的气氛异常紧张。这时，周总理及时地为对方提供了一个"台阶"，温和地说："两国的语言要做到翻译准确无误是很不容易的，也可能是我讲得不够完善。"然后慢慢重述被译错了的那段话，让翻译仔细听清，之后这名苏军中尉准确地翻译了出来，缓解了紧张气氛。

学会替他人保住面子，维护对方的尊严，说话办事不让对方难堪，最聪明的做法就是主动承揽错误，替人巧妙地解围。

第十章
"化繁为简"——为你解开难题

　　删繁就简，化难为易。用最简单的方法解决不简单的难题。

　　在我们尝尽了各种方法之后，最后却用一种意想不到的简单思维攻破了难题。看似最富有戏剧性的结果却蕴含着一个深刻的道理：简单的方法往往是最有效的。所以，在我们嘲笑自己的想法很幼稚的时候，为什么不严肃地用它来试一下呢？

　　那些绞尽脑汁而苦无良策的高智商者也可能会败给一个"头脑简单"的单纯之人。

"绳结"难题，用最简单的方式解开

无论是人际关系、社会结构或家庭关系，都有复杂化的趋势。然而，人们又不约而同地用一种简化的方式来处理这些关系。用"简单"的态度来处理事务，不仅能得到事半功倍的效果，同时也能将生活带入一种节奏明快的韵律之中。

在我们的生活、学习、工作中，有很多事情是很简单的，大可不必费九牛二虎之力去伤透脑筋。人生、爱情、理想也是如此，没有必要去钻牛角尖非要弄个水落石出。

古希腊的佛里几亚国王葛第士，以非常奇妙的方法在战车的轭上打了一串结。他预言：谁能打开这串结，谁就可以征服亚洲。一直到公元前334年，仍然没有一个人能成功地将结打开。这时亚历山大率领军队入侵小亚细亚，他来到葛第士绳结的车前，毫不犹豫地拔剑砍断了绳结。后来，他果然占领了比希腊大50倍的波斯帝国。这就是那个绳结的破解奥秘，一切只寻求简单。

没有上过学、一字不识的人看待"鸡兔同笼"这一问题时，可能会有这样的思维：打开笼子数数不就知道了？干吗费那么大力气列那么多方程式来计算！更重要的是干吗把鸡和兔子关在同一个笼子里呢？正如儿童的脑筋急转弯的问题答案一样，也许用很深奥的理论知识也讲不清楚的问题，只需一个形象生动的简单解释便可得出答案。

在解决问题的过程中，我们很可能把问题的难度人为地增加了，把事情的结果看得太重了，把问题的严重性想象得过于强烈，以至于想出了过多过深的先进方法，却不知道一个问题可能用一个小小的办法即可化解，一个很难懂的问题只需稍一点拨就可使人茅塞顿开。有时候我们走了太多太远太辛苦的路，却意识不到有些路是根本就不必走的。

1. 简单中蕴含的朴素智慧

《堂吉诃德》里有一个片段：桑丘问表弟说世界上第一个翻跟头的人是谁？表弟回答说这个问题我一时回答不上，等我回书房去翻翻书，考证一番，下次见面再把答案告诉你吧。桑丘过了一会儿对他说，刚刚问的这个问题，我现在已经想到答案了：世界上第一个翻跟斗的是魔鬼，因为他从天上摔下来，就一直翻着跟斗，跌到了地狱。

桑丘的回答非常简单，但它也包含着一种极其朴素的智慧，有些人煞费苦心进行考证，但得出的结论往往既不能增长见识，也不能增添常识，真是毫无意义。

2.只要解决问题的快捷方式

一个黑人小孩在他父亲的葡萄酒厂看守橡木桶。每天早上，他用抹布将一个个木桶擦拭干净，然后一排排整齐地摆放好。令他生气的是：往往一夜之间，风就把他排列整齐的木桶吹得东倒西歪。

小男孩很委屈地哭了，父亲摸着男孩的头说："孩子，别伤心，我们可以想办法去征服风。"

于是，小男孩擦干了眼泪坐在木桶边想啊想啊，想了半天终于想出了一个办法，他从井里挑来一桶一桶的清水，把它们倒进那些空空的橡木桶里，然后他忐忑不安地回家睡觉了。

第二天，天刚蒙蒙亮，小男孩匆匆爬了起来，跑到放桶的地方一看，那些橡木桶一个个排列得整整齐齐，没有一个被风吹倒的，也没有一个被风吹歪的。

有时方法不在于大小与好坏之分，只要解决了问题，达到了人们的要求，就是管用的方法。

3.难题巧解

一个农场主在巡视谷仓时不慎将一只名贵的金表遗失在谷仓里。于是他在农场门上贴了一张告示，要人们帮忙寻找，悬赏100美元。

人们面对重赏的诱惑，无不卖力地四处翻找。无奈谷仓内谷粒成山，要想在其中找寻一块金表如同大海捞针。

人们忙到太阳下山仍没找到金表，他们不是抱怨金表太小，就是抱怨谷仓太大、稻草太多，一个个放弃了100美元的诱惑。只有一个穷人家的小孩儿在众人离开之后仍不死心，努力寻找。他已整整一天没吃饭了，希望在天黑之前找到金表，解决一家人的吃饭问题。

天越来越黑，小孩儿在谷仓内坚持寻找。突然，他发现一切喧闹静下来后有一个奇特的声音，那声音"滴答"，"滴答"不停地响着。小孩儿顿时停止了寻找。谷仓内更加安静，滴答声响得十分清晰。小孩循声找到了金表，最终得到了100美元。

在问题变得复杂而棘手的情况下，与其手忙脚乱地想办法，不如静下心来认真思考，或先别急着动手解决，在思考和等待的过程中，问题也许会出现转机，甚至自行解决。

🔑 分解问题，逐个解决

分解思维就是把一个整体问题拆分成若干个小问题，把比较复杂的问题变成若干个比较简单的问题，把复杂的数量关系变成连续的简易数量关系，然后按部就班地逐个解决。

我们常常说"大事化小，小事化了"，就是分解思维的运用。当我们面临一个庞大的目标时，用分解思维将其分解成阶段目标、长期目标和近期目标。当我们接到一个项目繁多的任务时，将其分解成若干个小项目，这样大任务就变成了几个小任务，完成起来就相对容易得多。

当我们面对巨大的难题，背负重重压力时，不妨运用一下分解思维，将事情分开来做，将题目分成几个部分来研究，通过逐个击破的方式最终攻破整个难关。

1. 分解思维

美国有一位青年到西弗吉尼亚兰伯堡镇访问。他发现电车只通过镇外三公里远的地方，中间隔着一条两岸很高的河流，过了河才能到镇上去。经他了解，原来在这条河上造桥很困难，费用也高，电车公司不愿投这一大笔钱。

后来这位青年又了解到与修桥和线路有关的还有两个单位，一个是铁路公司，当时他们的火车调车地点与一条隧道相交叉，既阻碍交通又易发生事故。若修好电车道，原来的道路就可以移到别处，这对他们有好处。另一个是地方政府，如能解决这个问题，可提高政府的威望。

于是，这位青年便对电车公司的领导讲，如果电车公司能投资三分之一，其余三分之二的资金可由他负责解决，电车公司的领导高兴地同意了。接着他又到另两个单位，用同样的方法征得了他们的同意。前后只用了五个月的时间，大桥和线路就修好了，有关三方面和市民皆大欢喜。

很多事情看似很困难，但如果把它分解开来，就很容易解决了。事情一旦被拆分得很明晰，一步步来做，就会简单很多。简易的做事方式就是找到更加节省时间和精力成本的步骤。

2. 化大为小

美国有一条"反托拉斯法"，许多大企业因此而被迫解散。

美孚石油公司是全美数一数二的大企业，自然会引起公众的注意。迫于舆论的压力，国会叫嚷着要对美孚石油公司进行起诉，看来美孚石油公司是在劫难逃了。这时候，公司的御用法律事务所中，有一位名叫约翰·福斯特·杜勒斯的青年律师，想出一个绝妙的主意。他建议把各州的美孚石油公司宣布为独立的公司，如纽约美孚石油公司、新泽西美孚石油公司、加利福尼亚美孚石油公司、印第安纳美孚石油公司等，这些公司都有各自的老板，但实际上还是完整一体的美孚石油公司。

精明的杜勒斯为了这件事，连续一个星期夜以继日地工作，替各个公司订立独立的账目以供参议院审查。一切努力都没有白费，最后，参议院终于审查完毕并表示了满意，也就不再提起诉讼之事了。

分解思维是一种独特的创新思维方法，其原理就是化大为小、化整为零，把大目标分解成小目标，然后进行累计得出总和，以达到创新目标。

3. 化多为少

某百货大楼位于市区商业闹市，占地1400平方米，有中央空调、扶手电梯、豪华装饰。建成这么一座现代化百货大楼，至少得花数百万，甚至上千万资金。然而，一个年轻的总裁用2000元就把它建成了。这岂不是天方夜谭吗？其中有什么奥妙呢？

原来，他将这座百货大楼划分为220多个局部单位，每个单位一次收十年租金五万元。每年退还其中的10%，不包括利息。另外每个单位每月收取比市价低三分之二的管理费。

这样优惠的条件，使得这座待建的百货大楼成为人们争相租赁的抢手货。220多个单位二十几天便全部租出去，获得租金1000多万元，而这个年轻的总裁只在报上花费了2000元的招租广告费。

一个好的创意，能够给你带来滚滚的财富。在知识经济时代，灵活的头脑就是你的印钞机。

4.以小藏大，价格中的细分策略

一位客户看中一块图案特别、质地精良的地毯，问销售员价格。"每平方米24.8元！"销售员回答。"这么贵？"客户听后直摇头。过了一会儿，又有一位客户问这块地毯的价格时，销售员微笑着反问道："你为多大的房间铺地毯？""大约十平方米吧！"销售员略加思索后说："使你的房间铺上地毯，只需一角多钱。""一角钱？"客户一脸惊讶和好奇。"你的房间十平方米，每平方米是24.8元，一块地毯可以铺五年，每年365天，这样你每天的花费不就是一角多钱吗？"销售员解释道。最后，客户欣然买下了这块称心如意的地毯。

在可能的情况下，尽量用较小的计价单位报价，即将报价的基本单位缩至最小，从而隐藏了价格的"昂贵"感，客户也更容易接受了。

复杂的问题可以简单化

做事是一种智慧的运用。面对纷繁复杂的问题，做事思维和方法应该从简切入，以简驭繁，化繁为简，避免陷入繁中添乱、漫无头绪的窘境。做事的全部奥秘就在于越简单越好。简单的东西，往往是最有力量的。如果说"四两拨千斤"是中国功夫的最高境界的话，那么，"化繁为简"就是实践的最高境界。一旦拥有"化繁为简"的智慧，你自然会进入一个自己都意想不到的广阔天地。

在做比较复杂的事情时，我们需要的是把自己做事的原则、方式、理念注入行为中去。

1. 深入浅出地讲道理

东汉时有一位令后世有志之士叹为观止的妇女，她就是乐羊子的妻子。有

一天，求学一年多的乐羊子突然回到家中。乐羊子的妻子跪在地上问乐羊子，为什么这么早就回来了。乐羊子回答说："没有别的原因，我离家多年，时刻惦记着你和母亲，所以我不想再继续求学了。"妻子对乐羊子的回答十分生气，她决心帮助丈夫克服恋家丧志的思想。于是，她拿起剪刀，走到织机前，"咔嚓"一声将织布的经线剪断，然后对乐羊子说："你看，织布机上的经纬线生自蚕茧，成于织机。蚕茧上的丝一根根积累起来，由寸连成尺，由尺连成丈。现在我把它剪断了，就再也织不成布了。如果我再重新从蚕茧抽丝做起，又不知要耽误多少天的工夫！你说是不是这个道理呀？"乐羊子信服地点了点头。妻子继续说下去："一个人积累学问，不也是同样的道理吗？应当每天都增长自己所缺少的东西，慢慢地积累，由知之不多到知之较多，就能在学问和德业上达到较高的造诣。如果学了一段就因留恋家庭而中辍学业，就会前功尽弃，这和剪断了的布有什么区别？"

乐羊子就像听老师的教诲一样，恭恭敬敬地听着妻子这番生动具体、深入浅出的话。他深深地感到，尽管妻子跪在那里，可却比他高大得多。于是他连忙搀扶妻子起来，表示一定听从妻子的劝诲，立志求学。后来乐羊子继续拜师求学，一连七年没回家，终于学到了老师教给的知识，完成了学业。

乐羊子的妻子是个普通的妇女，然而她所阐发的道理以及阐发道理的方法却不普通。她从孟母"断织"的做法中受到启示，用形象直观的说理苦苦劝夫，终于使丈夫学业有成。

简单和难都是相对的。同一种理论，从一个老师嘴里讲出来是生涩难懂，从另一个老师嘴里讲出来也许就显而易见了。深入浅出能让一件看似复杂的事情变得简单，做事也是一样，以不同的方式去做，会让事情变简单，也能让其像套连环扣一样越来越复杂。

2. 将问题化难为易

爱迪生是美国的大发明家，他的一切发明都和他的思维活跃分不开。

一天，爱迪生在实验室里工作，急需知道一个灯泡容量的数据。因为手头忙不开，他就递给助手一个没有上灯口的玻璃灯泡，吩咐助手把灯泡的容量数据量出来。过了大半天，爱迪生手头的活早已干完，那助手还不把数据送过来，爱迪生只好上门找助手。他看见助手还在忙于计算，桌上的演算纸已经堆了一大沓，爱迪生问助手："还需要多长时间？"

助手回答说："一半还没完呢。"

原来，助手刚才一直忙于用软尺测量灯泡的周长和斜度，用复杂的公式计算呢！

这时，爱迪生往灯泡里面注满了水，交给助手说："把这里面的水倒在量杯里，马上告诉我它的容量。"

助手一听，立马羞得面红耳赤。

把事情化难为易首先需要的是战胜自己对事情的预期，敢于尝试。古人说："为之，则难者亦易矣；不为，则易者亦难矣。"事情只有做与不做的区别，事情做下去了，才有成功的希望。把事情想得太难而不敢伸展手脚只能是作茧自缚。

3.将程序化繁为简

中国某大学的一个研究室遇上一件麻烦事：他们需要弄清一台进口机器的内部结构，可是却没有任何图纸资料可以查阅。这台机器里有一个由100根弯管组成的固定结构，要弄清其中每一根弯管各自的入口与出口，真是一件超难的事！

研究室负责人当即召集有关人员攻关。他提出，完成这一重要任务，时间既不能拖得很久，花钱又不能太多。他希望大家广开思路，不管是洋措施还是土法子，一定要想出一个简便易行的办法来。

参与此事的人纷纷开动脑筋，分别提出了自己的奇思妙想，比如：往每一根弯管内灌水、用光照射等。有的人甚至还提出让蚂蚁之类的小昆虫去钻一根一根的弯管。大家提出的办法虽然都是可行的，但都很麻烦，要花的时间和付出的代价也不少。

后来，这所学校的一个老校工提出，只需要两支粉笔和几支香烟就行了。他的做法是：点燃香烟，大大吸上一口，然后对着管子往里喷，喷的时候在管子的入口处写上"1"，这时让另一个人站在管子的另一头，见烟从哪一根管子冒出来，便立刻也写上"1"，其他管子也都照此分辨。不到两小时，100根弯管的出入口就都弄清楚了。

最简单的往往也是最合理的。只不过人们被习惯的思维所束缚，在困难面前总是想那些复杂的对策，忘记了简单的方法。

有时"问题想得太简单"也是好事

将问题简单化是智慧的体现。有的时候多而杂不如少而精，"多"不一定就是好。

我们在遇到问题和困难的时候，常常刚提出某个解决方案，就被别人一口否定地说："事情并不像你想象得那么简单！哪有这样容易的事？你想得太简单了！"等等，这些看上去十分幼稚和可笑的想法让我们自身的热情和自信消失殆尽。于是，脑子里有了更多的想法也只是让它默默地固封在大脑中，藏在心里，不敢轻易地说出来，因为害怕别人嘲笑自己很幼稚。

实际上，人们之所以很难做到简单，不能简单地生活，简单地思考，简单地做事，是受限于繁杂的思维定势的结果。思维定势告诉我们，天上没有掉馅饼的事，任何问题都不会轻而易举地得到解决。也正是受到思维定势的影响，我们遇到困难时往往将其夸张地形容，扩大其严重程度，把困难想象得太大，把问题想象得过深，把事情的本身想象得很复杂。

其实，有的问题并非如我们所说的那样难以解决，反倒是复杂的思路和过多的想法干扰了我们，让问题或困难变得异常神秘。"问题想得太简单"也并非坏事，思路简单一点，也许能让问题的症结少一点，让事情的脉络更清晰一些，这样更有利于问题的解决和分析。

1. 不必了解太多

一位青年，在家门口做了六年的生意。他贩过菜，倒过服装，卖过鸭子，然而每次都因生意不好而歇业。后来，一个偶然的机会他去了青海，发现那儿没有卖海带的，于是便电告老父亲发了十箱海带过去。谁知一发不可收拾，三年后，他成了那儿的海产品大王，并且把连锁店办到了新疆和西藏，如今资产逾百万。

太熟知或太了解，有时并不一定是优势。陌生则正好相反，它蕴含着新奇和刺激，蕴含着灵感和商机。因此，走进陌生的人，往往会撞上成功的机遇，发现新的道路，见到别有洞天的风景。

2. 愚人的聪明

一个心理学教授到疯人院参观，了解疯子的生活状态，一天下来，觉得这些人疯疯癫癫，行事出人意料，可谓大开眼界。

想不到准备返回时，他发现自己的一个车胎被人卸掉了。"一定是哪个疯子干的！"教授这样愤愤地想，动手拿备胎准备装上。

事情严重了，卸车胎的人居然将螺丝也都卸下了，没有螺丝有备胎也装不上去啊！

教授一筹莫展。在他着急万分的时候，一个疯子蹦蹦跳跳地过来了，嘴里唱着不知名的欢乐歌曲。他发现了困境中的教授，停下来问发生了什么事。

教授懒得理他，但出于礼貌还是告诉了他。

疯子哈哈大笑说："我有办法！"他从每个轮胎上面卸下一个螺丝，这样就拿到三个螺丝将备胎装了上去。

教授惊奇感激之余，大为好奇："请问你是怎么想到这个办法的？"

疯子嘻嘻哈哈地笑道:"我是疯子,可我不是傻子啊!"

当我们嘲笑着别人的方法太笨拙时,也许自己也正被嘲笑着"聪明反被聪明误"。无论是聪明的办法还是笨拙的办法,根本目的只有一个,那就是一切以解决问题为本。

3. 简单的往往更是合理的

一个建筑公司的经理忽然收到一份购买两只小白鼠的账单,不由得好生奇怪。原来这两只老鼠是他的一个部下买的。他把那部下叫来,问他为什么要买两只小白鼠。

部下答道:"上星期我们公司去修的那所房子,要安装新电线。我们要把电线穿过一个十米长、但直径只有2.5厘米的管道,而且管道是砌在砖石里的,并且弯了四个弯。我们谁也想不出怎么才能让电线穿过去,最后我想了一个好主意。我到一个商店买来两只小白鼠,一公一母。然后我把一根线绑在公鼠身上并把它放到管子的一端,另一名工作人员则把那只母鼠放到管子的另一端,逗它吱吱叫。公鼠听到母鼠的叫声,便沿着管子跑去救它。公鼠沿着管子跑,身后的那根线也被拖着跑。我把电线拴在线上,公鼠就拉着线和电线跑过了整个管道。"

简单的往往是合理的。那些生活中简单而合理的小方法往往能够轻松地解决问题,这要比那些经过实践论证却行不通的深奥理论决策更实际,更容易被人采纳和运用。

思维定势要打破,才能让事情变得简单

想法太多却得不到合理的运用,也是解决不了问题的。想法并不等于办法和方法,只有合理的、便于实施的且能达到解决问题的目的的想法,才能得到人们

的认可和采用，否则就是空谈和空想。

把好的想法付之于行动，就变成了方法。但在行动之前，人们的想法并非是一个，常常是有各种各样的想法和思路充斥着大脑，尽管面对的问题只有一个。当这些想法和思路没有得到验证和实践之前，没有人会确定地说哪个方法是最好的，哪个方法是行不通的。所以，在面对问题和困难时，人们有多种想法和犯"想法太多"的错误也是正常的。

想法太多和想得太简单同样都是受思维定势的影响，由于对问题的结果无法预料，对自己不自信或者对自己选择的方法没有把握，才会出现过多的想法和忧虑。一旦"想法太多"成了一种思维定势，我们做起事来就会处于优柔寡断、殚精竭虑的状态，这样反倒不利于事情的顺利进行。

因此，为了让事情变得简单，不给自己制造麻烦，还是想得简单一点好。

1.不用为定势思维而绞尽脑汁

一位魔术大师萨拉马有一手绝活，他能在极短的时间内打开无论多么复杂的锁，从未失手。他曾为自己定下一个富有挑战性的目标：要在60分钟之内，从任何锁中挣脱出来，条件是让他穿上特制的衣服进去，并且不能有人在旁边观看。

有一个英国小镇的居民，决定向伟大的萨拉马挑战，有意给他难堪。他们特别打制了一个坚固的铁牢，配上一把看上去非常复杂的锁，请萨拉马来看看能否从这里出去。

萨拉马接受了这个挑战。他穿上特制的衣服，走进铁牢中，牢门"哐啷"一声关了起来，大家遵守规则转过身去不看他工作。萨拉马从衣服中取出自己特制的工具，开始工作。30分钟过去了，萨拉马用耳朵紧贴着锁，专注地工作着。一个小时过去了，萨拉马头上开始冒汗。两个小时过去了，萨拉马始终听不到期待中锁簧弹开的声音。他筋疲力尽地将身体靠在门上坐下来，结果门却顺势而开。原来，牢门根本就没有上锁，那把看似很厉害的锁只是个样子。

小镇居民成功地捉弄了这位逃生专家，门没有上锁，自然也就无法开锁，但萨拉马心中的门却上了锁。大师的失败在于他太专注这把具有象征意义的锁了，他的目标从"逃生"不知不觉地换成了"开锁"。而且，先入为主的概念告诉他：只要是锁，就一定是锁上的。

不要让定式的思维束缚了你。开锁只是过程而非结果，当你打不开锁的时候，不妨看看门是否是开着的。

2. 简单的秘诀

有个年轻人在脚踏车店当学徒。有人送来一辆有毛病的脚踏车，年轻人除了将车修好，还把车子整理得漂亮如新，其他学徒笑他多此一举。后来车主将脚踏车领回去的第二天，年轻人被挖到那位车主的公司上班。——原来要获得机会很简单，勤劳一点就可以了。

有个小孩对母亲说："妈妈你今天好漂亮。"母亲问："为什么？"小孩说："因为妈妈今天一天都没有生气。"——原来拥有漂亮很简单，只要不生气就可以了。

有个牧场主人，叫他的孩子每天在牧场上辛勤地工作。朋友对他说："你不需要让孩子如此辛苦，农作物一样会长得很好的。"牧场主人回答说："我不是在培养农作物，我是在培养我的孩子。"——原来培养孩子很简单，让他吃点苦头就可以了。

住在田边的青蛙对住在路边的青蛙说："你这里太危险，搬来跟我住吧！"路边的青蛙说："我已经习惯了，懒得搬了。"几天后，田边的青蛙去探望路边的青蛙，却发现它已经被车子压死了。——原来掌握命运的方法很简单，远离懒惰就可以了。

有几个小孩都很想成为一位智者的学生。智者给他们一人一个烛台，叫他们要烛台保持光亮。结果一天两天过去了，智者都没来，大部分小孩已不再擦拭那个烛台。有一天智者突然到来，大家的烛台都蒙上了厚厚的灰尘，只有一个被大家叫作"笨小孩"的小孩，虽然智者没来，他也每天擦拭，结果这个笨小孩成了智者的学生。——原来想实现理想很简单，只要实实在在地去做就可以了。

有一支淘金队伍在沙漠中行走，大家都步伐沉重，痛苦不堪，只有一个人快乐地走着，别人问："你为何如此惬意？"他笑着说："因为我带的东西最少。"——原来快乐很简单，不要斤斤计较就可以了。

很多看起来很困难的事情，只是因为我们被脑中的很多想法所吓倒和干扰。等到有一天无意中做成了某件事，才发现简单的秘诀就是想法不必太多。

3. 最简单的抉择

一个农民从洪水中救起了他的妻子，他的孩子却被淹死了。

事后，人们议论纷纷。有的说他做得对，因为孩子可以再生一个，妻子却不能死而复活。有的说他做错了，因为妻子可以另娶一个，孩子却不能死而复活。

一位贤者听了人们的议论，也感到疑惑难解：如果只能救活一人，究竟应该救妻子呢，还是救孩子？

于是贤者去拜访那个农民，问他当时是怎么想的。

农民答道："我什么也没想。洪水袭来，妻子在我身边，我抓住她就往附近的山坡游。当我返回时，孩子已经被洪水冲走了。"

归途上，贤者琢磨着农民的话，对自己说："所谓人生的不少抉择便是如此。

很多时候，在我们作出决定的时刻，我们并没有去思考很多，也没有去考虑孰轻孰重，而是当机立断，作出最方便、最快捷的选择。

高深策略有时候不如日常窍门

遇到困难请高人指点，有问题找专家咨询。面对困惑茫然不知所措时，我们往往借助权威人士帮助自己答疑解惑，似乎权威的观点和方法就是最有说服力、最有效、最有保证的。当然，我们不能排斥专家水平，毕竟权威人士和专家有着高深的专业理论知识和研究，只是当有些日常问题困扰我们的大脑时，我们完全可以自己来解决，没有必要请"专业人士"来分析和解答。

我们在遇到困惑时，还喜欢照搬书本上的教条方案，研究书中的理论依据，并且逐条地运用到自己面对的问题上，也不管问题与理论是否相一致。

在我们的思维中，高深策略总是具有权威性的，仿佛只有高深的策略才能解决复杂的问题。然而，实践出真知。一切的理论都来自于生活，生活的经验总结为我们提供了大量解决问题的方案，只是我们没有去发现、去研究、去记忆。

比如生活小窍门，看似是一个不起眼的小聪明，却能够帮助我们解决大难题。

1.简化的目的是简便

日本人是这样煮鸡蛋的：用一个长宽高各四厘米的特制容器，把鸡蛋放进去，加水，盖上盖子，打火，一分钟左右水烧开后，再过三分钟关火，利用余热煮三分钟。再来看看我们平时是怎样煮鸡蛋的：打开液化气，坐上锅，添进一瓢凉水，放进鸡蛋，盖上盖子，三分钟左右水开，再煮大约十分钟，关火。根据专家的计算结果，前者能节约五分之四的水和一大半以上的热能。而我们为了煮熟一个鸡蛋，烧开了一大锅的水，把大量的时间浪费在烧开水上面。我们应该多想一想：怎么做才能集中火力煮熟鸡蛋。

为了达到某个目标，我们常常在不经意间浪费了很多资源，走了很多弯路，这种浪费是不必要的。如果在做事之前先寻找是否还有更经济方便的方法，就可以节省很多的资源和时间。

2. 生活中的经验往往是简单而高效的

美国一家报纸曾刊登了一则园艺所重金悬赏征求纯白金盏花的启事，在当地引起了轰动。一时，那高额的奖金让无数人为之心动而跃跃欲试，但在千姿百态的大自然中，金盏花除了金色的，就是棕色的，能培植出白色的，绝非易事。所以，许多人在一阵冲动之后，就把那则启事抛到了九霄云外。

时间一晃就是20年。

有一天，那家园艺所意外地收到了一封热情的应征信和100粒"纯白金盏花"的种子。当天，这件事就不胫而走，引起了不小的轰动。

寄种子的，原来是一个年逾古稀的老太太，她是一个地地道道的爱花人，当年，她看到那则启事后，便怦然心动，不顾八个儿女的一致反对，就动手迎接挑战。

起初，她撒下的，是一些最普通的种子，经过精心照料，一年之后，金盏花开了，她就从那些金色的、棕色的花中挑出一朵颜色最淡的，任其自然枯萎，以取得最好的种子。次年，她又把它们种下去。然后，再从这些花中挑选出颜色更淡的花的种子，接着再栽种……日复一日，年复一年，终于在20年后的一天，在那片花园中，这位可爱又执着的老太太，看到了一朵期盼已久的白色金盏花，那花儿呀，似雪如银，白极了。

一个连专家都解决不了的大难题，却在一个不懂遗传学的老人手中迎刃而解了，这不是天大的奇迹吗？

3. 时常总结生活中的窍门

笛卡罗走下码头，看见一些人在钓鱼。出于好奇，他走近去看当地有什么鱼。好家伙！看到的是满满一桶鱼。

那只桶是一位老头儿的，他面无表情地从水中拉起线，摘下鱼，丢到桶里，又把线抛回水里。他的动作更像一个工厂里的工人，而不像是一个垂钓者在揣摩钓钩周围是否有鱼。他知道鱼会来的。

笛卡罗发现，不远的地方还有七个人在钓鱼，老头儿每从水中拉上一条鱼，他们就大声抱怨一阵，抱怨自己仍然举着一根空杆。

这样持续了半小时：老头儿猛地拉线、收线，七个人嘟嘟囔囔地看他摘鱼，又把线抛回去。这段时间其他人没有一个钓上过鱼，尽管他们只处在距老头儿十几米远的地方。真是太有意思了！

这是怎么回事儿？笛卡罗走近一步想看个究竟。原来那些人都在甩锚钩儿

（甩锚钩儿是指人们用一套带坠儿的钩儿沉到水里猛地拉起，希望凑巧挂住一群游过去的小鱼当中的某一条）。这七个人都拼命地在栈桥下面挥舞着胳膊，试图钓起一群群游过的小鱼中的某条鱼。而那位老头儿只是把钩沉下去，等一会儿，感到线往下一拖，然后猛拉线，当然，他有鱼钓上来了。

老头儿收获了鱼，而他百发百中的秘密在于：只在钩子上方用一点诱饵而已！他一把线放下去，鱼就会开始咬饵食，他会感觉到线动，然后再把鱼钩从厚厚的一群鱼当中一拉，鱼有啦！

用最简单的方法获得超级效果，没有比这样解决问题的方法更高的妙招了，而简单的智慧往往来自生活中的总结和实践。

最便利的才是"王道"

最实用的方法并非都是天资聪颖的人发明的。一些出其不意的小发明、小创造有很多都出自资质平凡的人之手。一些功能强大、设施完善、技术先进的现代化工具很可能对某个零件问题束手无策，同样小的便利用具可能对付不了大的设备难题，但却以灵巧、便于灵活使用为优点取胜。可见，选对方法是根本，选对实施方法的用具也很关键。

先进的现代化工具在处理较大难题上的确有着人工所不可比拟的优越性，但也以其价格的昂贵、运输的不便、操作性太强等特点难以被大部分人所接受和使用，反而是那些易学易会、经济有效的方法和工具更受人们欢迎。

1.物美、价廉和方便

为了使人们在家中也可洗上桑拿浴，日本的市面上出现了许多常规新产品。

如电热蒸汽发生器、蒸汽袋等。这些常规新产品都有售价高、费能源和使用不便等弱点，故销量都不大。不久，有人推出了一种"桑拿浴袋"，结果一鸣惊人，获得了极大成功。

这种奇特的产品只是一只聚乙烯的睡袋模样的袋子，人们光着身子穿在身上后，从颈部把袋口收紧，然后跳入浴盆，在热水的影响下，闷在袋中的人不久就会大汗淋漓，和洗桑拿浴的效果几乎一模一样。

由于价廉且使用方便，消费者在家中的浴缸中便可洗桑拿浴，所以这种奇特的新产品一经推出，便备受欢迎。

当市场上同类同质商品很多时，价格竞争就不可避免。如你的产品具有与其他产品不同的卖点，那你无疑占据了竞争的制高点。

2. "直升机扇雪"的新设想

有一年，美国北方格外严寒，大雪纷飞，电线上积满冰雪，大跨度的电线常被积雪压断，严重影响通讯。过去，许多人试图解决这一问题，都未能如愿。后来，电讯公司经理应用奥斯本发明的"头脑风暴法"，解决了这一难题。

会上，经理鼓励与会者积极进行智力互补，在增加自己提出设想的同时，注意思考如何把两个或更多的设想结合成另一个更完善的设想。按照这种会议规则，大家七嘴八舌地议论开来。有人提出设计一种专用的电线清雪机；有人想到用电热来化解冰雪；也有人建议用振荡技术来清除积雪；还有人提出能否带上几把大扫帚，乘坐直升机去扫电线上的积雪。对于这种"坐飞机扫雪"的设想，大家心里尽管觉得滑稽可笑，但在会上也无人提出批评。

相反，有一个工程师在百思不得其解时，听到用飞机扫雪的想法后，大脑突然受到冲击，一种简单可行且高效率的清雪方法冒了出来。他想，每当大雪过后，出动直升机沿积雪严重的电线飞行，依靠高速旋转的螺旋桨即可将电线上的积雪迅速扇落。他马上提出"用直升机扇雪"的新设想，顿时引起了其他与会者的联想，有关用飞机除雪的主意一下子又多了七八条。不到一小时，与会的十名技术人员共提出九十多条新设想。

会后，公司组织专家对设想进行分类论证。专家们认为设计专用清雪机，采用电热或电磁振荡等方法清除电线上的积雪，在技术上虽然可行，但研制费用大，周期长，一时难以见效。那种因"坐飞机扫雪"激发出来的几个设想，倒是一种大胆的新方案，如果可行，将是一种既简单又高效的好办法。经过现场试验，发现用直升机扇雪真能奏效，一个久悬未决的难题终于得到了巧妙的解决。

真正有天资的发明家，他们的创造性思维能力较平常人要优越得多。但是天资平常的人，如果能相互激励，相互补充，引起思维"共振"，也会产生出不同凡响的新创意或新方案。

3. 懒人有"懒招"

凯尔是个法国农民，他因爱动脑筋，常常花费比别人更少的力气而获得更大的收益。当地人都说他是个聪明人。到了土豆收获的季节，法国农民就进入了最繁忙的工作时期。他们不仅要把土豆从地里收回来，还要把土豆运到附近的城里去卖。

为了卖个好价钱，大家都要先把土豆按个头分成大、中、小三类。这样做，劳动量实在太大了，每人都只有起早摸黑地干，希望快点把土豆运到城里赶早市。凯尔一家与众不同，他们根本不做分拣土豆的工作，而是直接把土豆装进麻袋里运走。

凯尔一家"偷懒"的结果是他家的土豆最早上市，每次他赚的钱自然比别家的多。

一个邻居发现了凯尔一家赚的钱比自己多，但是不知道他们是怎么做的，于是就悄悄地跟踪，终于发现了其中的奥妙。

原来，凯尔每次向城里送土豆时，没有开车走一般人都经过的平坦公路，而是载着装土豆的麻袋跑一条颠簸不平的山路。两英里路程下来，因车子的不断颠簸，小的土豆就落到麻袋最底部，大的土豆自然留在了上面。卖时仍然是大小能够分开。由于节省了时间，凯尔的土豆上市最早，自然价钱就能卖得更理想了。

懒人为了偷懒，总能找到最有效率的办事方法。其实，这不是偷懒而是聪明。

简便高效，轻松自如

简化的生活可以让我们感觉更轻松自如、舒适惬意。抛却心中无名的烦恼，剔除大脑中的忧思深虑，一切返璞归真，一切自然简约，就达到了生活的极致。

简化的管理可以让管理人员操纵有度，让下属拥有广阔的自由空间，便于上下级和谐相处。

工作中，我们可以用最简单的方法实现简便高效；生活中，我们可以选择最经济的方式实现简便高效。简便高效是我们做事的目的，也是我们生活的原则。

一切为了简便高效，简化是高效的起点。

1. 让管理更简单些

在台北市的泉州街头，有一位卖福州干面的小摊贩，他每天的营业时间很短，但是生意却非常兴隆。这个小摊贩的经营秘诀就是：让一切变得简单而高效。

这个面摊的面积不大，设施看起来也很陈旧，在面摊旁边只摆设三张可折叠的小桌子，每张小桌子周围放置了很多轻便的圆椅子。

面摊的特色就是简单、轻便、朴实。面摊所卖的只有福州干面与两三种汤类，上门吃早餐的客人只能吃一些简单的面与汤，没有其他的菜品可选。所卖的面和汤式样简单，价廉物美；煮面的速度不用久等；站着端着碗吃面的人比坐着吃面的人还多，这样更减少了空间；吃面的桌子少、圆椅子多，所以圆椅子大多不是用来让顾客坐的，而是给客人用来当作小桌子放面吃面用的。

别看面摊的设备简单，但煮汤面所需用的锅、碗、面、蛋、汤品、调味料等用品还是很有讲究的。能够使用的煮面的场地面积不大，可是每个用品所摆的位置都恰当顺手，汤碗排列整齐，堆叠至两层高，这些虽然都是小节，但却可以让老板在煮面时更加快速方便。

面摊除了老板以外，还有老板娘和另外一名服务员帮忙。老板在工作的时候非常认真专心，除了跟老板娘就客人所点的菜单做确认与复诵之外，绝大部分时间都是在默默地做着面。快速与高效率让早晨一批又一批涌来的客人，能够在很短的时间内享用到热腾腾的面，从而使面摊客源广增。

简单管理是一种力求使复杂管理变得简约、集约和高效的管理思想和管理模式，它倡导化繁为简、以简驭繁的管理理念和方法。

2. 突出一个优势即可

美国一家名叫西南航空公司的小企业在一片萧条气氛中异军突起。在1992年取得了营业收入增长25%的令人难以置信的佳绩。

20世纪60年代末，生活水平的提高使人们对交通工具有了更高的要求，而飞行以快速舒适的特点受到人们的广泛青睐。但当时的大航空公司热衷于跨洋长途飞行，对短程空运业务则不屑一顾。

西南航空公司成立后，只经营达拉斯、休斯敦和圣安乐尼奥三个城市间的短程航运业务。在巨人如林、竞争残酷的美国航空界，西南航空公司的营销初始战略无疑是明智的。

在20世纪70年代，西南航空公司只将精力集中于得克萨斯州之内的短途航班上。它提供的航班不仅票价低廉，而且班次频率高，乘客几乎每个小时都可以搭上一架西南航空公司的班机。这使得西南航空公司在得克萨斯航空公司市场上占据了主导地位。

尽管大型航空公司对西南航空公司进行了激烈的反击，但由于西南航空公司的经营成本远远低于其他大型航空公司，因而可以采取价格战这种最原始又最有效的竞争手段。

不论如何扩展业务范围，西南航空公司都坚守两条标准：短航线、低价格。1987年，西南航空公司在休斯敦至达拉斯航线上的单程票价为57美元，而其他航空公司的票价为79美元。80年代是西南航空公司大发展时期，其客运量每年增长300％，但它的每英里运营成本不足十美分，比美国航空业的平均水平低了近五美分。

低价格是保证西南航空公司成功的关键。为了维持运营的低成本，西南航空公司采取了多方面的措施。在机型上，该公司全部采用节省燃油的737型。这不仅节约了油钱，而且使公司在人员培训、维修保养、零部件购买上，均只执行一个标准，大大节省了培训费、维护费。

同时，由于员工的努力，西南航空公司创下了世界航空界最短的航班轮转时间。当别的竞争对手需用一个小时才能完成乘客登机离机及机舱的清理工作时，西南航空公司的飞机只需要15分钟。在顾客服务上，西南航空公司针对航程短的特点，只在航班上为顾客提供花生米和饮料，而不提供用餐服务。

一般航空公司的登机卡都是纸的，上面标有座位号，而西南航空公司的登机卡是塑料的，可以反复使用，这既节约了顾客的时间又节省了大量费用。西南航空公司没有计算机联网的订票系统，也不负责将乘客托运的行李转机。对于大公司的长途航班来说，这是令顾客无法忍受的，但这恰恰是西南航空公司的优势与精明之所在。

如果一家企业可以提供比竞争对手低的价格，同时既不影响服务或产品质量，又能保持一定的利润，那么它就是具有了极强大的优势。

3.让简单美自然流露

一个皇帝想要整修在京城里的一座寺庙。他派人去找技艺高超的设计师，希望能够将寺庙整修得美丽而又庄严。

有两组人被找来了，其中一组是京城里很有名的工匠与画师，另外一组是几个和尚。皇帝不知道到底哪一组人的手艺比较好，于是决定给他们机会做一个比较。

皇帝要求这两组人各自去整修一个小寺庙，而这两个庙互相面对面。三天之后，皇帝要来验收成果。

工匠们向皇帝要了一百多种颜色的颜料，又要了很多工具。而让皇帝很奇怪的是，和尚们居然只要了一些抹布与水桶等简单的清洁用具。

三天之后，皇帝来验收。

他首先看了工匠们装饰的寺庙，工匠们敲锣打鼓地庆祝工程的完成，他们用了非常多的颜料，以非常精巧的手艺把寺庙装饰得五颜六色。

皇帝很满意地点点头，接着回过头来看和尚们负责整修的寺庙。他一看之下就愣住了。和尚们所整修的寺庙没有涂上任何颜料，他们只是把所有的墙壁、桌椅、窗户等等都擦拭得非常干净，寺庙中所有的物品都显出了它们原来的颜色，而它们光亮的表面就像镜子一般，无瑕地反射出从外面而来的色彩，那天边多变的云彩、随风摇曳的树影，甚至是对面五颜六色的寺庙，都变成了这个寺庙美丽色彩的一部分，而这座寺庙只是宁静地接受这一切。

皇帝被这庄严的寺庙深深地感动了，当然我们也知道最后的胜负了。

我们不需要用各种精巧的装饰来美化简约的自然美，我们需要的只是让内在原有的美无瑕地显现出来。

解决问题用"最简单的方法"

使事物变得复杂是很容易的，但若想将事物简化成有条不紊的情况就要动动脑筋了。

在很多人的印象中，思维方法总是与复杂联系在一起的，好的方法都是复杂而深奥的，甚至要经过大量的试验和反复证明之后才会被利用。其实，方法不一定都是复杂和深奥的。有的来自生活和工作中的小窍门、经验总结等也有很多是简单易行的，通过简单的方法同样能达到目的，甚至远比那些用高科技或者研讨出来的决策方案来得更直观、更便利。

简单的办法并非意味着层次低、缺乏智慧，相反，它是更睿智和思维灵活的体现。不要小看那些看似缺乏技术含量的"土"办法，生活中有的实际问题还就需要这些小方法来解决。在提倡节约资源、能源环保的现代社会，一些程序繁杂的技术工序都会被方便易行的步骤取而代之。在简化的基础上再力求简化，优化资源配置等方法的运用，都是为了让一切变得简单。

解决问题之前先想想是否还有更简单的办法。比如能用一种方案即可解决的就不用组合方案，能用经济实惠的资源条件就不必劳民伤财地引进高科技。总之，简单的不一定就是不好的，最先进的并不一定就是最合适的。用正确的方法做对的事，才是我们应该掌握的处理问题的技巧。

1. 带给人们最好的利益是方便快捷

弗拉德里克·泰勒是19世纪80年代美国著名发明家和管理学家，被称为"科学管理之父"。

1898年，泰勒进入伯利恒钢铁公司服务，他工作的信条是：简化，再简化。

泰勒"简化，再简化"的代表作莫过于"使用铲子的学问"。

1912年，泰勒在美国国会众议院的一个特别委员会陈述说："在伯利恒钢铁公司，我发现每个工人都带自己的铲子去铲原料。头等的铲料工一下可铲起3.5镑的煤屑，也可以一下子铲起38磅的矿石，那么，究竟以哪个为标准来衡量工人的工作效率呢？恐怕只有用科学管理的办法来确定了！为了有一个明确的计算工作效率的标准，我将设计一种标准铲。"

反对他的人说："要是铲子的使用方法也成为科学，世上恐怕所有的东西都可以使用科学的名义了！"泰勒反驳道："使用铲子确实有学问，而且世界上的所有事情都能成为科学！"

泰勒真的设计了一种"标准铲"。

第一次，他截短了铲柄后，虽然工人每次铲起矿石的重量比原来那个最好的铲料工少了四磅，但是每天总量却可以提高十吨。最好的那个工人原来每天铲起矿石的总量为25吨，现在达到了30吨。泰勒继续一点点地试，一点点地化简，直到每铲铲21.5磅时，工作效率最高。

泰勒继续研究，设计的专门工作铲达15种之多，大大提高了生产效率。

嘲笑他的人心服口服，泰勒亲自给他们演示了最正确也是最简捷使用铲子的办法："铲子铲进这种原料的正确方法，只有这一种，但错误的方法有许多种。请注意：铲那些不够顺手的原料的方法是这样的——把前臂紧紧压在右腿上部，右手握住铲柄头；当你把铲子铲进材料堆时手臂不要用力气，因为那样容易疲劳；把体重压到铲子上，几乎不用力气，铲头就进去了，手臂也不累。"

三年多的时间过去了，"铲子科学"给工厂和工人带来了巨大的利益：原来需600人干的活儿现在只用400人，材料的搬运费用省了1/2，在铲料岗位上工作的工人工资增加了60%。

凡事皆有窍门。错误的方法有许多种，但最正确的方法可能只有一种。效能往往来自于化繁为简，如此方可少走弯路，收获最理想的效果。

2.追本溯源，问题变简单

据说美国华盛顿广场有名的杰弗逊纪念大厦，因年代久远，墙面出现了裂纹。为了能保护好这幢大厦，有关专家进行了专门研讨。

最初大家认为损害建筑物表面的元凶是侵蚀的酸雨。专家们进一步研究，却发现对墙体侵蚀最直接的原因，是每天冲洗墙壁的清洁剂，对建筑物有酸蚀作用。为什么每天要冲洗墙壁呢？因为墙壁上每天都有大量的鸟粪。为什么会有那么多鸟粪呢？因为大厦周围聚集了很多燕子。为什么会有那么多燕子呢？因为墙上有很多燕子爱吃的蜘蛛。为什么会有那么多蜘蛛呢？因为大厦四周有蜘蛛喜欢吃的飞虫。为什么有这么多飞虫？因为飞虫在这里繁殖特别快。而飞虫在这里繁殖特别快的原因，是这里的尘埃最适宜飞虫繁殖。为什么这里最适宜飞虫繁殖？因为开着的窗阳光充足，大量飞虫聚集在此，超常繁殖……

由此发现解决的办法很简单，只要关上窗帘就能解决几百万美元的维修费用。此前专家们设计的一套套复杂而又详尽的维护方案也就成了一纸空文。

我们处理问题，若能透过重重迷雾，追本溯源，抓住事物的根源，往往能够收到"四两拨千斤"的功效。

第十一章
"举一反三"——让你拥有更多的答案

我们每个人的知识水平、经验和理解力不同，对问题的看法和理解也有所不同，这就需要我们善于将问题巧妙转换。将一个看似难理解的问题换一个表述方式，转换问题的焦点、性质等，转换为另一个容易理解和解决的问题，效果就会截然不同。

举一反三、深入浅出，不同的处境用不同的处理方法，根据不同的对象给出不同的答案。方法不止一种，答案也不是唯一。

举一反三，跳出机械思维

我们思考问题都要遵循一定的路线和途径，也就是要运用一定的思维方法。但是过于盲从路线的寻找，很容易陷入一种机械思维状态。比如一味地模仿和照搬，并非是创新思维的表现。所以，碰到困难时，学会用正确的思维方法去思考，会很轻易地找到解决的方案。

"举一反三法"告诉我们，由一个问题能够推导出多个问题，由此也可获得不同的答案。如果答案之间具有紧密的联系，则结果会融会贯通。解决问题时不是一条路走到黑，而是多角度、多方面地思考，这是发散思维最一般的形式。

我们提倡多元思考，在解决问题时，不要只满足于一个正确结论，应该让多种合理的方案并存，这是解决开放性问题的最好的解答方式。

1. 问题不只有一个正确答案

一位名叫普洛罗夫的捷克籍法学博士对美国圣·贝纳特学院毕业的学生做了一个问卷调查，题目是"圣·贝纳特学院教会了你什么？"结果大部分的学生回答说，知道了一支铅笔的用途。

这个答案让普洛罗夫博士感到很意外，也很费解，一支铅笔能有什么用途呢？带着这个疑问，普洛罗夫博士走访了纽约市最大的一位皮货商。这位皮货商告诉他说："贝纳牧师教会了我们一支铅笔的用途。起初我以为铅笔只有一种用途，那就是写字。后来在贝纳牧师的引导下，我发现，原来铅笔有很多种用途。比如，用铅笔做生意，可以获得利润；用铅笔做礼物，可以送给朋友；用铅笔做尺子，可以用来画线；用铅笔做武器，可以用来自卫；把铅笔芯抽掉，可以做吸管；削下的铅笔屑，可以做装饰画；用铅笔段，可以做玩具的轮子；将铅笔芯磨成粉，可以做润滑剂……

"总之，一支铅笔可以有很多种用途，在不同的情况下，它会显现出不同的用途。其实，贝纳牧师是为了让我们明白，一个人要比一支铅笔更有用途，而且任何一种用途都可以使我们很好地生活下去。我以前是一个司机，后来下了岗，但现在我成了有名的皮货商。"

大多数问题并非只有一个正确答案，从不同的角度看有着不同的答案。这些答案都具有一定的合理性，所以我们不要把思维固定在寻求唯一的答案上。方法不同，答案就具有多样性。

2.灵活思考比机械记忆更有实用性

大发明家爱迪生满腹怨气地对爱因斯坦说："每天上我这儿来的年轻人真不少，可没有一个是我看得上的。"

"您断定应征者合格或不合格的标准是什么？"爱因斯坦问道。

爱迪生一面把一张写满各种问题的纸条递给爱因斯坦，一面说："谁能回答出这些问题，他才有资格当我的助手。"

"从纽约到芝加哥有多少英里？"爱因斯坦读了一个问题，并且回答说，"这需要查一下《铁路指南》。""不锈钢是用什么做成的？"爱因斯坦读完第二个问题又回答说，"这得翻一下《金相学手册》。"

"您说什么，博士？"爱迪生打断了爱因斯坦的话问道。

"抱歉，这些东西我可记不住，我不是凭记忆来学这些东西的，而是靠灵活地思考。"爱因斯坦说。

灵活地思考，才是追求机会至关重要的条件。灵活地思考对一个人的成功是非常必要的。

3. 让思维更加开阔

唐朝江州刺史孙长卿，有一次问智常大师："佛经上所说的'须弥藏芥子，芥子纳须弥'，我看未免太玄妙离奇了，小小的芥子，怎么可能容纳那么大的一座须弥山呢？这实在是太不懂常识了，是在骗人吧？"

智常大师听了孙长卿的话之后，轻轻一笑，转而问他："人家说你'读书破万卷'，是否真有这回事呢？"

"当然了！当然了！我何止读书破万卷啊！"孙长卿显出得意扬扬的样子。

"那么你读过的万卷书现在保存在哪里呢？"智常大师顺着话问孙长卿。

孙长卿抬手指着脑袋说："当然都保存在这里了！"

智常大师说："奇怪，我看你的头颅只有椰子那么大，怎么可能装得下万卷书呢？莫非你也在骗人吗？"

孙长卿听了之后，立即恍然大悟，豁然开朗。

江州刺史孙长卿被惯常的思维方式束缚住了，因而看不到大中有小、小中有大的道理。

很多时候，我们既依赖于生活常识和经验，同时又被它们所制约和束缚。我们的智慧之所以被封闭，缺乏创新，都是不善于突破常识和经验的缘故。让思维开阔一些，问题的答案就会有多项选择。

转换问题的方向

不懂得思考的人，难以挖掘出智慧和灵感；不善于思考的人，当然也不会举一反三，触类旁通，体验思维的智慧。解决问题的关键在于我们能否积极地思考，学会将问题做转换性思考。

转换问题的方向，能够有效地解决问题，将本来是这个方向的问题转换成另一个方向的问题，也许思路就会打开。

1. 捷径并非唯一

一群人行色匆匆，在漫长的跋涉中，他们都希望以最快捷的方式实现自己的梦想，到达梦寐以求的终点。

这是一条通往终点的捷径，有一条河挡住了他们的去路。河水波涛汹涌，无法逾越。

人群在河边观望了很久之后各自散去，他们希望能够找到新的路径绕过这道天然屏障。

最后河边只剩下三个人。

第一个人仔细观察河水。他先扔下几块石头试试水的深浅，又扔下几根树枝看看水的流速，然后选择了一个合适的地方，脱了衣服，勇敢地跳了下去。河面很宽，但他最终还是游了过去，到达了彼岸。他骄傲地挥动着自己的拳头。

第二个人在河边徘徊着，思考着……很快他走进树林，砍伐树木，制造木筏。他将木筏放到了水里，跳了上去。虽然河水很急，木筏在河中剧烈震荡，充满了危险，但这个勇敢的人也到达了彼岸。

第三个人非常瘦弱，夜幕已经降临，他仍然徘徊在岸边。他既不会游泳，也不会伐木制造木筏，但他知道，也许这里是到达终点的唯一道路。他望着这道似乎不可逾越的河，观察着满天的星斗，坐在岸边，思考了很久，最终他决定先在岸边找一个地方安顿下来。

日复一日，天气越来越冷，他静静地等待着机会的来临。终于，宽阔的河面结起了厚厚的冰，天堑变成了通途。他抖擞精神，没有费太大的力气，成功地到达了彼岸。

三个人都到达了目的地，而其他的人仍在对岸苦苦寻找出路。

同样的路程，智者凭其智，勇者凭其勇，他们都找到了通往彼岸的捷径，而平庸者只能仰天长叹，怨天尤人。也许，捷径不仅仅是路，捷径有时候是方法、是能力，也是智慧。

2. 终点站也是起点站

克拉克已经是第九次面试失败了。

挤在回家的公交车上，人很多，这让克拉克本就懊丧的心情变得更加糟糕。他觉得自己仿佛已经走到了人生的终点，生活的信念也动摇了。在克拉克旁边坐着一个胖胖的小男孩，一直静静地望着窗外，大概五六岁的样子，一个中年男人坐在男孩身后，看样子是他的爸爸。

公交车在一站停下来，再次启动时便报出下一站的名字，当克拉克听见说"前方停车在终点站联盟小区"时，思绪才从遥远的地方回来，意识到自己该下车了。这时，一直沉默不语的小男孩突然用稚嫩的声音问了一句："爸爸，终点站是不是也是起点站啊？"

克拉克吃了一惊，终点站是不是也是起点站？孩子的爸爸显然也被问住了，只见他愣了一下，想了想才说："是啊，在结束的地方其实也是一个开始。"然后若有所思地把头扭向窗外。

孩子或许不会明白爸爸的回答是什么意思，但是克拉克明白了。原来自己一直都在以一种狭隘的认识观来判断这个世界，认为终点就是终点，起点就是起点，不懂得如何以一种变通灵活的思维来了解事物。所以他处处碰壁，遇到挫折就悲观沮丧，也因此错过了生命里许多美好的东西。

克拉克的心突然变得明亮起来，因为他找到了自己的方向。

每一次失败都觉得是一种结束，从不去思考自己失败的原因，只是一味地悲观厌世，其实转过来想：细心总结每次失败的经验和教训不就是为了下一次的出发吗？

3. 利用"错误"

IBM公司的一位高级负责人，曾经在创新工作中出现严重失误而造成1000万美元的巨额损失。许多人提出应立即把这个人革职开除，公司董事长却认为一时的失败是创新精神的副产品，如果继续给他工作机会，他的进取心和才智有可能超过未受过挫折的人。结果，这位高级负责人不仅没有被开除，反而被调任同等重要的职务。公司董事长对此的解释是："如果将他开除，公司岂不是在他身上白花了1000万美元的学费？"后来，这位负责人确实为公司的发展作出了卓越的贡献。

我们在现实中都追求正确、反对错误，可是这种观念不适合创新思维。如果强烈地认同犯错就是一件坏事，那么思维就是受到了局限。错误也可以被利用，正确地利用错误就会让错误成为成功的垫脚石。

🔑 转移矛盾的焦点

善于进行思维的转换是我们进行创造性活动的前提。凡是有着较强处理事务能力的人，都能够将复杂的问题进行转换，这样既快速地解决了问题，又可避免因难题而造成困境。比如，转换矛盾的焦点，将原来关注的焦点转换为原来不关注的另一个焦点，问题就会迎刃而解。

1. 问题也能被替换

一个剧团在某地演出，剧中的主要人物只有看守监狱的牢头和犯人。剧情是看守监狱的牢头交给犯人一封信，让他朗读信的内容。以往的表演过程中，犯人念的这封信都是全文写在纸上的，而这次扮演看守的演员有意要和扮演犯人的演员开个玩笑，用一张白纸替换了原来那封写满字的信。扮演犯人的演员拿到那封信后顿时傻了眼，因为他记不起信的内容了。这可怎么办啊？他心里一直嘀咕着。瞧了一会儿，他灵机一动，对扮演看守的演员说："这里的光线太暗了，麻烦你代我读吧！"于是，这个艰巨的任务又落到了扮演看守的演员身上。扮演看守的演员接过那封信后，急得直冒汗，因为他也背不出信的原文，并且他不能再把信退给扮演犯人的演员了。正在这困窘之际，他急中生智，运用智慧摆脱了窘境。

他仔细端详着那张白纸，说："是呀，是呀，光线的确太暗了，我必须去拿眼镜。"不一会儿，看守戴着眼镜上台了，并大声流利地为犯人读起了那封信。不过这次他拿的可不是那张没有字的白纸，而是那封事先写满字的信。

在一种情境下解决不了的问题不如用另一种情境来替换，同一个问题用不同的方法解决，既解决了难题，又化解了难堪，可谓一举两得。

2.将思维横向转换

卡拉斯是美国的一位食品生产商，以制造罐装食品著名。有一次，在专家食品鉴定会上，他打开一罐自己公司生产的"青菜罐头"请专家们品尝鉴定。他刚掀开罐口，就瞟见青菜叶里卷着一只小蚂蚱，这肯定是拣菜工人的粗心造成的——麻烦了，这只看似微不足道的小蚂蚱，肯定会让他的产品声名狼藉的！

怎么办？

就在专家们还没有注意到小蚂蚱的一瞬间，卡拉斯头脑中迅即闪出一连串的应急办法……给专家们解释掺杂小蚂蚱的原因……小蚂蚱是一种特殊调味料……小蚂蚱是一种营养添加物……是考验专家们眼力的……是故意开玩笑逗乐……不让专家们看到小蚂蚱……把小蚂蚱搅到罐底……把这一罐故意失手泼掉……想办法再换一罐等等。

但是最终，卡拉斯采取的应急方法却是：迅速抄起勺子，舀起那片卷着小蚂蚱的菜叶，闪电般地送进自己嘴里，同时，还故作幽默地说："这么香的菜，我都忍不住要先尝一口。"

在面临紧要关头的时候，思维的快速推进主要靠横向转换，就是不断地从一个思路跳到另一个思路,直到找出合适的方法。

3. 及时转换矛盾是救场的最佳策略

有个推销员当众推销一种不易破碎的钢化玻璃杯。开始他先是向顾客进行商品的介绍,接着又开始示范表演,想把一只钢化玻璃杯扔在地上而不碎,以此来证明这个杯子的良好质量。

但是,意想不到的情况出现了,他拿出的恰巧是一只质量不合格的杯子,猛地一摔,玻璃杯"砰"的一声碎了。这样的异常情况在他的推销生涯中真是前所未有,始料未及的,他自己也感到尴尬不已,心想这不等于是自己打自己的嘴巴吗?顾客们更是目瞪口呆,有的还借机起哄。

面对如此尴尬的局面,这位富有经验的推销员在经过了短暂的心理波动后,马上镇定了下来,灵机一动,对顾客笑了笑,用沉着而富于幽默的语气说:"你们看,像这样的杯子我是绝不会卖给你们的。"

大家一听,都轻松地笑了起来,气氛也变得活跃了。紧接着,推销员乘机又摔了几个质量合格的杯子,结果都没有破碎,因而赢得了顾客的信任。经过这几次"成功"的实验,顾客们对开始的那次"失误",都以为是事先准备好的,只不过是用来吊大家的胃口而已。于是,大家开始争相购买这种神奇的玻璃杯。

面对尴尬局面时,突然目瞪口呆,不知所措,那么其最终的结果是不难设想的。只有随机应变,才能巧妙地将问题的矛盾引到别处,扭转自身的不利局面。

转换问题的主体

世上没有一成不变的事物，也没有放之四海而皆准的真理，必须变化地去看事物。抱着旧观念、旧框架去看待新情况，必然是行不通的。

有时候我们需要转换问题的主体，才能达到解决问题的目的。即把一个问题转换为另外一个问题，主体不同，但获得的结果是相同的。

1. "人"和"物"的问题转换

在第二次世界大战中，美国空军与降落伞制造商之间因为产品质量起了纠纷。

当时，降落伞的安全性能不够。在厂商的努力下，合格率已经提升到99.9%，但仍然还差一点点。军方要求产品的合格率必须达到100%。对此，厂商不以为意。他们认为，没有必要再改进，能够达到这个程度已接近完美。他们一再强调，任何产品也不可能达到绝对100%的合格，除非出现奇迹。

不妨想想，99.9%的合格率，就意味着每一千个伞兵中，会有一个人因为跳伞而送命。

后来，军方改变检查质量的方法，决定从厂商前一周交货的降落伞中随机挑出一个，让厂商负责人背在身上，亲自从飞机上跳下。

这个方法实施后，奇迹出现了：不合格率立刻变成了零。

把产品当成问题来看，人们容易忽视。反过来把产品的问题转换到使用它的人身上，人们就不得不重视起来。

2. "物"和"物"的问题转换

通用汽车公司黑海汽车制造厂的总裁收到一封关于汽车的投诉信。

"尊敬的总裁先生：这是第二次给你写信，我不会怪你没有答复我的问题，因为这个问题实在太荒诞，但它的确是事实。最近我买了一辆黑海牌车，从此以后去商店就出现了一个问题。你知道，每次我从商店买完香草冰淇淋回家，汽车就启动不了，而买其他种类的冰淇淋，车子就启动得很好。无论这个问题有多么愚蠢，但我还是想让你知道我对这个问题非常关注，究竟是怎么回事？"

黑海厂总裁对这封信感到迷惑不解，但还是派了一个工程师去查看。

工程师去了，竟然也遇上同样的麻烦，当他开着同样的车，也在这家商店买了香草冰淇淋返回时，他的车也启动不了了！

此后，工程师又连续去了两个晚上。

第一个晚上，买的是巧克力冰淇淋，车启动了。

第二个晚上，买的香草冰淇淋，车又启动不了了。

工程师打死也不相信这部车子对香草冰淇淋过敏。于是，他加倍工作以求解决问题，每次，他都做记录，写下各种数据，像日期、所用汽油类型、汽车往返的时间等。

在这几天里，他发现了一个情况：车主买香草冰淇淋所花的时间比买其他冰淇淋花的时间要短，这是为什么呢？

答案在冰淇淋店的货架上：香草冰淇淋很受欢迎，所以分箱摆在货架前面，很容易取到，而其他冰淇淋都摆在货架后面的分格里，这就需要花较长的时间到处找。

因而，问题就变成了：为什么车停很短的时间，就启动不了了。

工程师进一步找到了问题的答案：不是因为香草冰淇淋而是因为汽车锁使汽车启动不了。每天晚上买其他冰淇淋使汽车充分地冷却以便启动，而当车主买完香草冰淇淋时，汽车引擎还很热，因而汽车启动不了。

原因找到了，问题自然就解决了。

问题的表面现象很可能掩盖了问题的实质，将问题转换一下，找出问题的本质，也就获得了解决方法。

3. 让问题的主体自行转换

有一道脑筋急转弯题：对岸鲜花盛开，四季如春，毛毛虫要去对岸生活，可是一条大河阻挡了它的去路，桥又在很远的地方，那么毛毛虫要怎样才能渡过大河呢？

人们很纳闷，毛毛虫要怎样过大河呢，无非是长途跋涉，从桥上爬过去。

一位刚出校门的女孩说：游过去啰！

做文案的朋友说：搭船过去！

一位从商的朋友说：躲在别人身上过去！

而那位律师朋友想了好久肯定地说：从地图上爬过去！

答案还有好多，比如落在树叶上飘过去；花钱让人带过去；等河干后爬过去……

这只是一道脑筋急转弯而已，所以所有的方法都可以，只要能到彼岸就行。可是其中有一个最让人喜欢和赞赏的答案是：变成蝴蝶飞过去。

事物是变化发展的，随着时间的变化，问题的主体可能会发生变化，所以我们在处理问题时，不要忽略了有的问题是会变化的。

🔑 转换问题的性质

当一个人确定的目标由于受自身条件或社会因素的限制，不能实现且受到挫折时，就可以改变目标，用另一目标来代替，以使需要得到满足。

当一种方法屡经尝试仍不能成功，达不到预定目标时，应该及时调整目标，变换方式，通过别的方法和途径实现目标。

转换问题的性质，就是将问题的这一种性质转变为另外一种性质。通过问题性质的转换，有可能增加成功的概率。

1. 赠钱不如赠股

五年前，李强和赵智两人分别中了118万元的福利彩票大奖。五年后的今天，两个百万富翁的结局迥异：赵智成了拥有数家超市的千万富翁；李强却成了一般的打工仔。原来，这都是不同的馈赠方式造成的结果。

李强中了百万大奖后，兄弟姐妹都来庆贺，言语当中都有想借钱干这干那的意思。李强夫妻俩作出了"给双方所有兄弟姐妹每人馈赠五万元"的决定。由于两家兄弟姐妹多，这一下就用去了六七十万元！剩下的钱购买了一幢商品房，就所剩无几了。这样平均分配，虽然大家皆大欢喜，但由于分散了资金，没有抓住中奖的契机而发家致富，仍要靠打工来维持生计。

赵智中了大奖后，也是欣喜若狂，兄弟姐妹都来庆祝，也想借几个钱用用。赵智夫妻俩想到双方兄弟姐妹那么多，一家送几万便所剩无几，但不送也不行。思前想后，终于想出一个万全之策：夫妻俩用中奖的钱开了一个超市，给双方每个兄弟姐妹馈赠了五万元的股份，兄弟姐妹都成了超市的股东。并立下了公证文书，馈赠的股份实行世袭制，父传子，子传孙，只要超市不倒，大家尽可坐享分红。事实证明，馈赠股份既让兄弟姐妹有利可图，又不减少中奖资金的总量，真是一举两得的高招！更绝的是兄弟姐妹都成了超市的股东，超市的经营状况直接影响到每个股东的年终分红，因而股东都想方设法拉顾客，千方百计让超市盈利。"众人拾柴火焰高"，没几年工夫他们就开了几家分店，超市的总资产超过了千万！兄弟姐妹们都腰缠万贯了。

相同金额的馈赠，只是改变了一下方式，结果便不一样。所以赠钱不如赠股的道理告诉人们：面对棘手的问题，有时突破传统观念，换一种思维方式，便可以收到意想不到的效果。

2.转换问题的性质

古希腊著名科学家阿基米德的浴室里，阿基米德正在洗澡。

浴盆里放了大半盆热气腾腾的水，阿基米德一屁股坐了下去，忽然觉得浑身轻飘飘的，身子浮动着，热水哗哗地从盆里溢出来。"水放得太多了。"他下意识地站了起来。盆里的水落了下去，他孩子气地又重重地坐下去，水又往上升起，没过盆沿溢了出来。

忽然，他眼睛一亮，跳出浴盆，光着身子冲到门外，跑上大街，高喊道："我知道啦！我知道啦！"

咦！这老头疯了吗？瞧，他浑身上下一丝不挂。

其实，阿基米德没有疯，他解开了一个重要的秘密，一时有点忘乎所以。几天前，地中海西西里岛上的叙拉古王国的国王，让金匠做了一顶纯金的王冠，漂亮极了。可大臣们却窃窃私语："谁知道是不是纯金的？"国王听了这种议论后，就叫人把王冠称了一下，可是王冠和交给金匠的金子一样重，没法辨别里面有没有含别的什么金属。国王就把聪明的阿基米德招来，让他弄个水落石出。

现在，阿基米德在洗浴时得到了一种启发，他觉得马上就可以弄清这个王冠的秘密了。当阿基米德发觉大家在一旁嘲笑他时，低头一看，才知道自己赤裸着身子，马上回屋胡乱地穿上一套衣服进王宫去了。

他给国王做了这样一个实验——他找来一块和金冠同样重的纯金块、两只同样大小的罐子和盘子，然后把王冠和金块分别放进装满水的罐子里，当水从罐子里溢出来时，各用盘子接着。最后把这些水分别称一称，结果，发觉溢出来的水不一样多。

阿基米德对国王说："现在我可以断定，这只王冠里掺有其他金属。"

国王问："为什么？"

"王冠和纯金块一样重，但如果王冠是纯金的，那么，它们的体积也应该是一样大，放进水罐里溢出的水也应该一样多。现在，放王冠的罐子里溢出来的水多，说明王冠的体积比纯金块大，由此可见，王冠不是纯金的。"

国王忙派人把金匠抓来一查问，果然他是用同样重的黄铜代替，铸在金冠的内层。王冠中掺假的秘密就这样被揭开了。

要识别王冠的质量又不能破坏它，看起来这是个两难的问题。但是把问题的性质用另一种方式巧妙地转化一下，借助科学的原理，就可以轻松地得到答案。

3. 把事件原来的概念和意义引申

20世纪80年代末，老诗人严阵和青年女作家铁凝等访问美国。有一次他们去参观博物馆，开馆时间未到，他们便在广场上散步。恰巧有两位美国老人在旁休息，看见中国人过来，很高兴地迎上来交谈，说中国人是他们最为敬仰的。其中一位老人为表达这种崇敬的感情，热烈地拥抱铁凝，并亲吻了一下。铁凝十分尴尬，不知所措。另一位老人抱怨那老人说，中国人不习惯这样。拥抱过铁凝的老人，像犯了错误似的呆立一旁。严阵走上前去，微笑着说："呵，尊敬的老先生，您刚才吻的不是铁凝，而是中国，对吧？"那老人马上朗声笑道："对，对！我吻的是铁凝，也是中国！两种成分都有。"尴尬气氛在笑声中烟消云散了。

老诗人严阵机智幽默地将美国老人吻铁凝这件事转移引申为"吻了中国"，把铁凝个人的概念引申为"中国"这个概念，这就使当事人双方的紧张情绪得以缓解，从尴尬的气氛中跳了出来。

🔑 对象不同，答案也不同

人总是在一定的时间、一定的地点、一定的条件下生活。在不同的场合，面对着不同的人、不同的事，从不同的目的出发，就应该说不同的话，用不同的方式说话，这样才能收到理想的效果。

根据不同的对象提供不同的答案，就是要让我们见什么人说什么话。每个人对问题的理解可能不同，这时需要提供多个不同的答案；每个人内在的需要有所不同，这时需要准备不同的答案以便应对；每个人的知识水平、层次不同，这时所提供的答案也要符合各自的身份和要求。

1. 根据不同的需要提供不同的答案

一家酒店经营得很好，人气旺盛、财源广进。酒店的老总准备开展另外一项业务，由于没有太多的精力管理这家酒店，打算从现有的三个部门经理中物色一位总经理。

老总问第一位部门经理："是先有鸡还是先有蛋？"

第一位部门经理不假思索地答道："先有鸡。"

老总接着问第二位部门经理："是先有鸡还是先有蛋？"

第二位部门经理胸有成竹地答道："先有蛋。"

这时，老总向最后一位部门经理说道："你来说说，是先有鸡还是先有蛋？"

第三位部门经理认真地答道："客人先点鸡，就先有鸡；客人先点蛋，就先有蛋。"

老总笑了。他决定将第三位部门经理升任为这家酒店的总经理。

让人满意的答案也许并不是最确切的，但一定是最符合心意的。解决问题的最好方式就是满足自身的心理要求，只要答案是称心如意的，就不必和答案"钻牛角尖"。

2. 根据不同的层次要求提供不同的答案

一个周末，许多青年男女伫立街头，他们中间有不少人是在等待与情侣相会。有两个擦鞋童，正高声叫喊着以招徕顾客。

其中一个说："请坐，我为您擦擦皮鞋吧，又光又亮。"

另一个却说："约会前，请先擦一下皮鞋吧！"

结果，前一个擦鞋童摊前的顾客寥寥无几，而后一个擦鞋童的喊声却收到了意想不到的效果，一个个青年男女纷纷让他擦鞋。一句"约会前，请先擦一下皮鞋"说到了青年男女的心坎儿上，传递着温情爱意。"为约会而擦鞋"一下子抓住了顾客的心，因而这位擦鞋童大获成功。

3. 根据不同的心理提供不同的答案

一位老人拎着篮子去菜市场买水果。

她来到第一个水果摊前问道："这李子味道怎么样？"

第一个小贩："我的李子又大又甜，特别好吃。"

老人摇了摇头走了。

她走到第二个小贩的水果摊，问："你的李子好吃吗？"

第二个小贩："我这里各种各样的李子都有，您要什么样的李子？"

老人说："我要买酸一点儿的。"

第二个小贩："我这篮李子酸得咬一口就流口水，您要多少？"

"来一斤吧。"

老人买完在市场中逛，看到第三个小贩的摊上也有李子，又大又圆非常抢眼，便问："你的李子多少钱一斤？"

第三个小贩："您好，您问哪种李子？"

老人说："我要酸一点儿的。"

第三个小贩："别人买李子都要又大又甜的，您为什么要酸的李子呢？"

老人："我儿媳妇要生孩子了，想吃酸的。"

第三个小贩："老太太，您对儿媳妇真体贴，她想吃酸的，说明她一定能给您生个大胖孙子。您要多少？"

老人："我再来一斤吧！"

第三个小贩："您知道孕妇最需要什么营养吗？"

老人："不知道。"

第三个小贩："孕妇特别需要补充维生素。您知道哪种水果含维生素最多吗？"

老人："不清楚。"

第三个小贩："猕猴桃含有多种维生素，特别适合孕妇。您要给您儿媳妇天天吃猕猴桃，她一高兴，说不定一下给您生出一对双胞胎。"

老人："是吗？好啊，那我就再来一斤猕猴桃。"

第三个小贩："您人真好，有您这样的婆婆，您媳妇真有福气！"小贩开始给老太太称猕猴桃，嘴里也不闲着："我每天都在这儿摆摊，水果都是当天从批发市场找新鲜的批发来的，您媳妇要是吃好了，您再来。"

"行！"老太太被小贩说得高兴，提了水果边付账边应承着。

三个小贩面对的是同一个老人，销售的结果却完全不同。需求有表面和深层之分，只有深层了解对方的心理，才能提供让对方满意的答案。

情境不同，处理方法也不同

在生活和工作中，两难选择是经常遇到和面对的困惑。两难选择的困境常常令人们不知何去何从，不知道从中选择哪一个对自己更为有利，但又不得不作出一个选择。所以，两难选择的问题常常令人陷入尴尬和艰难的处境。

巧妙地处理两难选择的问题是一种智慧。机智地作出选择，可以给自己带来利益，可以帮助自己化解危机。反之，如果选择不当，就有可能陷入被动的境地，被人所操纵。

两难选择的问题在不同的情境下有不同的处理方法。因为这类困境常常是对方提出某种条件来故意为难自己，让自己从中作出选择来达到对方的目的。所以，要摆脱对方的刁难，又要不违规地作出选择，就得想方设法巧妙地应对。

1. 选择第三种方法

以前有一位国王，他独眼且缺手断脚，但却很爱面子。他很想将他那副尊容画下来，留给后代子孙瞻仰，于是请来全国最好的画家。这个一流的画家将国王画得很逼真，栩栩如生，很传神。

但是，国王看了之后很难过，说："我这么一副残缺像，怎么传得下去！"于是就把这位画家给杀了。

他又请来第二位画家。第二位因有前车之鉴，不敢据实作画，就把国王画得圆满无缺。把缺的手补上去，断的腿也补上去，国王看了之后更难过，说："这个不是我，你在讽刺我。"又把他给杀了。

第三位画家怎么办呢？写实派的给杀了，完美派的也给杀了。想了很久，他急中生智，画了一幅国王单腿跪下闭住一只眼瞄准射击的肖像画，把国王的缺点全部掩盖了，结果国王大大地奖赏了他。

对于两难的问题，不妨采取特别的办法，变通地加以解决，这样既体现了实际情况，又能让对方感到满意。

2.两难选择也不难

在古老的巴黎，有位商人欠了一位放高利贷的债主一笔巨款。那个又老又丑的债主，看上了商人青春美丽的女儿，要求商人用女儿来抵债。

商人和女儿听到这个提议都十分恐慌。狡猾伪善的高利贷债主故作仁慈，建议这件事听从上天的安排。他说，他将在空钱袋里放入一颗黑石子，一颗白石子，然后让商人的女儿伸手摸出其中一个。如果拣中的是黑石子，她就要成为他的妻子，商人的债务也不用还了；如果拣中的是白石子，她不但可以回到父亲身边，债务也一笔勾销；但是，假如她拒绝探手一试，她父亲就要因无钱还债而入狱。

商人的女儿虽然不情愿，但还是答应试一试。当时，他们正在花园中铺满石子的小径上，协议之后，高利贷的债主随即弯腰拾起两颗小石子，放入袋中。敏锐的少女突然察觉：两颗小石子竟然全是黑色的！

如果你是那个不幸的少女，你要怎么办？

女孩不发一语，冷静地伸手探入袋中，漫不经心似的，眼睛看着别处，摸出一颗石子。突然，手一松，石子顺势滚落到石子路上，分辨不出是哪一颗了。

"噢！看我笨手笨脚的，"女孩叫道，"不过，没关系，现在只需看看袋子里剩下的这颗石子是什么颜色，就可以知道我刚才选的那一颗是黑是白了。"

当然了，袋子里剩下的石子一定是黑的，恶债主既然不能承认自己的诡诈，也就只好承认她选中的是白石子了。

一场债务风波，就这样有惊无险地落幕了。

如果我们用平常的思考方式，那就会中了债主的圈套，而聪明的女孩却是换一个角度来看，正是制人而不制于人，终于逢凶化吉，把最险恶的危机变成了最有利的结局。

3.抓住漏洞让对方改变主张

古希腊有个国王，有一次他想处死一批囚徒。那时候，处死囚徒的方法有两种：一种是砍头，一种是用绳绞死。这个国王忽然升起一个奇怪的念头："我要和这批囚犯开个玩笑。对了，让他们自己去挑选一种死法，看他们说些什么。这一定是很有趣的事儿。"

国王想到这里，就派刽子手向囚徒们宣布道："国王陛下有令，让你们任意挑选一种死法，你们可以任意说一句话，如果说的是真话，就绞死，如果说的是假话，就杀头。"

这样的法令真是太奇怪了。可是，这批囚徒的命操纵在国王的手里，反正是一死，也就顾不得多想，都很随意地说了一句话。结果，许多囚徒不是因为说了真话而被绞死，就是因为说了假话而被砍头；或者是因为说了一句不能马上检验是真是假的话，而被看成是说了假话砍了头；或者是因为讲不出话来而被当成说真话而绞死。

国王看到他们一个个被处死，很开心。

在这批囚徒中，有一个很聪明的人。轮到他来选择处死方法时，他忽然巧妙地对国王说："你们要砍我的头！"

国王一听，感到好为难，如果真的砍他的头，那么他说的就是真话，而说真话是要被绞死的。但是如果要绞死他，那么他说的"要砍我的头"便成了假话，而假话又是应该被砍头的，但他说的又不是假话。他的话既不是真话，又不是假话，也就既不能被绞死，又不能被砍头。

国王只得挥挥手说："那只好放他一条生路了。"那条奇怪的法令也马上宣告废除。

抓住别人话语中的漏洞，让对方不得不改变原来的主张，转而采取对你有利的方法，也是处理两难选择的方式之一。

🔑 养成发散思维的好习惯

发散思维是指大脑在思考时呈现的一种扩散状态的思维模式，表现为思维广阔，呈现出多维发散状。如"一题多解""一物多用"等方式。

发散思维是创造性思维最主要的特点，是测定创造力的主要标志之一。在创新思维的技巧性方法中，有许多都是与发散思维有密切关系的。

发散思维可以为我们提供尽可能多的解题方案。虽然这些方案不可能每一个都十分正确、有价值，但却帮我们打开了思路，拓展了想象空间，激发了灵感的源泉。

发散思维最大的特点就是变通性强。它能够帮助我们克服头脑中某种僵化的思维框架和思维定势，按照某一新的方向来思索问题。比如，我们可以借助横向类比、跨域转化、触类旁通的方式，使发散思维沿着不同的方面和方向扩散，表现出极其丰富的多样性和多面性，当然我们得到的答案也是丰富多彩、五花八门的。

在发散思维的引导下，我们没有必要去刻意追求答案的唯一性或确切性，只要从某个角度上来说是合理的，能被人们普遍接受和认同的就是完美的答案。发散思维的作用就是帮助我们充分发挥自由想象，形成更多的更具有创意性的思路，为解题寻求多方位的答案。

1.思维无限大，方法就无限多

在一次有许多中外学者参加的旨在开发创造力的研讨会上，一位日本创造力研究专家应邀出席了这次活动。在这些创造思维能力很强的学者同仁面前，风度潇洒的村上幸雄先生捧来一把曲别针："请诸位朋友动一动脑筋，打破框框，看谁说得出这些曲别针的用途，看谁的创造性思维开发得好而奇特！"来自河南、四川、贵州的一些代表踊跃回答着，"曲别针可以别相片；可以用来夹稿件、讲义。""纽扣掉了，可以用曲别针临时钩起……"大约说了二十几分钟，其中较奇特的是把曲别针磨成鱼钩去钓鱼，大家一阵大笑。

村上对大家在不长的时间内讲出好几十种曲别针的用途很称道。人们问："村上您能讲多少种？"

村上莞尔一笑，伸出三个指头。

"30种？"

村上摇头。

"300种？"

村上点头。人们惊异，不由得佩服他聪慧敏捷的思维。众人都拭目以待。

村上紧了紧领带，扫视了一眼台下那些透着不信任的眼神，用幻灯片映出了曲别针的用途……

这时中国的一位以"思维魔王"著称的怪才许国泰先生向台上递了一张纸条，人们对此十分惊奇。

"对于曲别针的用途，我能说出3000种，30000种！"

邻座对他侧目："吹牛不罚款，真狂！"第二天上午11点，他"揭榜应战"，轻松地走上讲台，他拿着一支粉笔，在黑板上写了一行字：村上幸雄曲别针用途求解。

原先不以为意的听众被吸引过来了。

"昨天，大家和村上讲的用途可用四个字概括，这就是钩、挂、别、联。

要启发思路，使思维突破这四种格局，最好的办法是借助于简单的形式思维工具——信息标与信息反应场。"

他把曲别针的总体信息分解成重量、体积、长度、截面、弹性、直线、银白色等十多个要素。再把这些要素，用根标线连接起来，形成无数条信息连线。

然后，再把与曲别针有关的人类实践活动要素进行综合分析，连成信息标，最后形成信息反应场。

这时，借助于现代思维之光，超常思维射入了这枚平常的曲别针，马上变成了孙悟空手中的金箍棒，神奇变幻而富于哲理。

他从容地将信息反应场的坐标，不停地组切交合。

通过两轴推出一系列曲别针在教学中的用途，把曲别针分别做成阿拉伯数字。再做成加减乘除符号，用来进行四则运算，运算出数量，就有1000万、10000万……

曲别针可做成英、俄、希腊等外文字，用来进行拼写读取。

曲别针可以与盐酸反应生成氢气。可以用曲别针做指南针。

曲别针是铁元素构成的。铁与铜化合是青铜，铁与不同比例几十种金属元素分别化合，生成的化合物则是成千上万种……实际上，曲别针的用途，几乎近乎无穷！

他在台上讲着，台下一片寂静。与会的人们被思维"魔球"深深地吸引着。驰名中外的科学家温元凯高兴地说："高明，简直是点金术。"

此时，再也没有人说曲别针有3000种、30000种用途是吹牛，而是对这种新的开发思路感到了新奇，普遍陷入打破了原有的思维格局的沉思……

发散思维的特点是含有严肃的美学思考内容和经济学内容，特别是对于创造者可提供一种全新的思考方式。

2. 多维性思维，化平凡为神奇

日本一家酿酒厂收集了1951～1980年的有关资料，证明啤酒销量与天气变化之间存在一定的关系，由此提出了"啤酒天气指数"的概念。他们首先汇集了30年中全国15个地区的每日最高气温，然后计算出各地区每隔十天的平均最高气温和每月的平均最高气温，再把它们同各地区当月的啤酒销售情况相联系，便绘出了当年的"啤酒气温曲线"。他们把30年"啤酒气温曲线"的平均值作为参考基数，那些具体某年的平均"啤酒气温曲线"同基数之比被称为"啤酒天气指数"。这样就可以一目了然地定量观察出天气变化同啤酒销售量之间的关系。比如1974年和1976年的"指数"低于参考基数，啤酒销售量则出现明显下降趋势。1978年日本出现酷暑，"指数"高于"基数"，当年啤酒销售量上升10%。

进一步的研究表明，在市场趋于饱和的情况下，气温成了决定啤酒销售量升降的主要因素。因此，这家啤酒厂十分注意观察研究天气的情况，合理安排生产，收到了良好的效果。

如今，在日本已经有人把这种研究推而广之，提出了"天气市场"的概念。他们认为：在经济繁荣和市场成熟时期，天气的波动会有效地影响生意的成交。因而天气成为商业决策方面的一个重要因素。

现代企业必须具备多维性思维，能够从上下、前后、左右等不同角度，探索纷繁复杂的事物，用许多敏感的触角，向四面八方纵横伸展。从平凡中化出神奇，从危难中求得生存。

第十二章

解决问题的"典型"，
这些发明你都知道吗

本章主要为读者介绍一些比较典型的运用思维解决问题的实例，运用一些比较典型的实例，来体现思维的重要性。

自黏性便条纸是这样"想"出来的

自黏性便条纸是由3M公司的研究员史尔华所发明的。1964年，他参加该公司为期四年的"聚合粘胶研究计划"。该计划主要目的是研究出黏度超强的粘胶。结果，史尔华非但没有研究出黏度超强的粘胶，反而研究出一种黏度超弱的粘胶。由于它的"内聚性"较强，而"附着性"较弱，所以它能把两种物体的表面粘在一起，但黏不紧。这种不黏的粘胶丝毫不受公司的重视，因为研究部门所追求的一向是黏性更强的，而不是黏性更差的东西。因此，大家都说："这种不黏的粘胶有什么用呢。"

只有史尔华不死心，虽然说不出它的好处，但他逢人便说："这种不黏的粘胶一定对某些东西有帮助。是否有不需永久粘着，只需黏一阵子的东西呢？是否能把它变成新产品，满足人们爱黏多久就黏多久，想撕掉又可随时撕掉的欲望呢？"没有人知道此种黏度超弱的粘胶有什么用途。一直到了1974年，史尔华的同事亚瑟·佛莱在美国圣保罗的教堂里，发现了它的用途，它才被正式赋予了新生命。

佛莱是一位虔诚的基督徒，他经常参加教堂的唱诗班。为了便于迅速找到所要唱的诗，事前他都会用小纸条把所要的那几页标示出来。可是，在正式献唱之时，由于小纸条常从歌本中掉出来，弄得他老是找不到所要唱的诗。有一次，小纸条又掉落地上，佛莱灵机一动，想到了史尔华的黏度超弱粘胶——如果在小纸条上沾点黏度超弱粘胶，不但可用来当不会掉落的书签，而且撕开时既不会伤害歌本，也不会留下粘胶。

佛莱很快做出自粘书笺。接着他发现，书笺仅仅是超弱粘胶的小用途，将它做成备忘的字条，更能发挥作用。佛莱把这些自黏性便条纸的样本送给3M的同事使用。人们一旦用上它，就不再回头去使用图钉与回形针而永远地爱上它了。

这个小发明在1978年上市之后，立刻席卷整个美国市场。有人形容自黏性便条纸销售的速度与拓展的广度有如老鼠的繁殖一般。在短短的时间内，布告栏、墙壁、打字机、电话筒、书架、相簿、影印机、篮子、咖啡杯甚至鞋底，到处都 可以看得到它。也难怪3M公司副总裁哈斯特说："自从本公司推出透明胶带之后，二十多年来，没有一项产品那么简单，用途却那么广。"

🗝 剃须刀是这样发明的

金·吉列是一个发明家，他眼睛盯着全世界男人的胡子，发明了剃须刀并投入生产取得成功。

1895年，40岁的吉列是一家公司的推销员，职业的需要使他十分注意仪表的修饰。一天早上，吉列刮胡子的时候，由于刀磨得不好，不仅刮起来费劲，还在脸上划了几道口子。懊恼的吉列眼盯着刮胡刀突然产生了创意新型剃刀的灵感，于是他辞去了推销员的职务，专心研制新型剃须刀。新发明的基本要点是安全保险、使用方便、刀片随时可换。由于没能突破传统习惯的束缚，新发明的基本构造总是摆脱不了老式长把剃刀的局限，尽管他一次又一次地改进设计，结果却不能令他满意。几年过去了，吉列仍是空怀雄心，希望渺茫。一天，他两眼茫然地望着一片刚收割完的田地，一个农民正在用耙子修整田地。吉列看到农民轻松自如地挥动着耙子，一个崭新的思路出现了，新剃须刀的基本构造应该同这个耙子一样，简单、方便、运用自如。苦苦钻研了八年后，吉列终于成功了。

1903年，他创建了吉列保安剃须刀公司，开始批量生产新发明的剃须刀片和刀架。经过潜心经营了八年，吉列保安剃须刀不仅打开了销路，还把销量扩展到了整个美国市场。第一次世界大战的爆发，为吉列公司的发展提供了一个良好时机。吉列对此紧抓不放，他以成本价格把大批保安剃须刀卖给美国政府，美国政府则以士兵应保持军容的整洁为由，给美国士兵每人发一支保安剃须刀。

就这样，赴欧洲战场作战的美国士兵把保安剃须刀的影响扩展到了欧洲和世界其他地方。吉列的这种策略表面上一文未赚，实际上却产生了任何广告都难以达到的效果。1917年，吉列保安剃须刀销售了13亿支刀片，是吉列公司初创那一年（1903年）销量的近80万倍。

虽然第二次世界大战时金·吉列去世，但吉列公司仍沿用第一次世界大战时的做法，把数量巨大的保安剃须刀作为军用品供应给美军，随美军走遍世界各地。由此，吉列公司获得了战后的巨大发展。吉列公司并未就此止步，在世界经营剃须刀片的企业日益增多、竞争日益激烈的情况下，吉列公司为保护自己的优势地位坚持产品创意，于1959年推出了新产品——超级蓝色刀片，称为蓝色吉列，深受消费者的欢迎，连续创下了吉列历史上销售新纪录。1962年，吉列公司销售收入达到2.76亿美元，利润达0.45亿美元，市场占有率高达90％，利润率达到了16.4％。尤其令人震惊的是吉列公司以高达40％的投资收益率在当时的500家大企业中名列榜首。到1968年，吉列公司创下了销售保安剃须刀片1110亿支的纪录。

但是，面对世界各国同行业的激烈竞争，吉列想一统天下实在很难。意大利不锈钢刀片研制成功并投放市场，给了吉列公司一个沉重的打击，使他们措手不及。吉列公司在意大利的一统市场一下子被不锈钢刀片抢走了80％。随后，不锈钢刀片又进入美国。吉列公司因拿不出和不锈钢刀片抗衡的新产品而节节败退。

面对这一严峻的竞争，吉列公司迅速组织技术力量，投入大量资金全力开发研制不锈钢刀片。在意大利不锈钢刀片问世一年零六个月后的1963年9月，吉列公司把自己的新产品——吉列不锈钢刀片投放市场，竭力和意大利刀片抗衡。两年后，吉列公司又推出第二代超级吉列不锈钢刀片，并且以新产品为依托，采取大规模广告宣传和降低价格的策略，不久就把意大利刀片赶出了美国市场。

随着社会经济的发展和科学技术的进步，1960年电动剃须刀问世，形成对吉列剃须刀的新威胁。吉列公司采取的对策仍是开发研制新产品，他们研制的"双排刃保安剃须刀"在安全、耐用、价格和能把胡子彻底刮净等方面具有电动剃须刀不可比拟的优越性，足以和电动剃须刀抗衡。

由此可见，新产品开发决策是吉列公司在市场上立于不败之地的保障。

吸油泵的"原理"其实很简单

这是一位著名的日本创意学家的发明，让我们看看他在一本书中自述的发明过程：

那是昭和17年（1942年）的事情，我正在旧制的麻布中学读二年级。发明的动机是为了孝敬我的母亲，向她表示我对她的爱和孝心。在冬天一个寒冷的早晨，我看见母亲在冰冷的厨房里，双手抱着一个巨大的玻璃酱油瓶子（容量1800毫升），正费力地向桌上的小瓶子里倒酱油。

现在所使用的酱油瓶已改成拿着方便的体积小的塑料瓶，那时却是又大又重的玻璃瓶，瓶口上也没有现在这种特制的注出口，所以对一个妇女来说，向小瓶里倒酱油并不是一件轻松的事。冬天，厚厚的玻璃制成的大瓶子，连同里面的酱油一起被冻得冰冷，母亲那冻伤的双手不断地颤抖，酱油洒了一桌子，但小瓶里却没有装进去多少。

母亲弯着腰、低着头，努力做着这件艰苦的事情。我看见她蜷缩的身影心里很激动。平日里我一直想为母亲做一点事情，帮她的忙，这时我想：为了让母亲少受些苦。为了让她不抱那个冰冷的大瓶子就能够轻松地将小瓶装满酱油，我一定要想一个好办法。于是我自己去图书馆，读了许多书，查了一些资料。在学习流体理论和原理的过程中，我了解了流体力学的虹吸现象，找到了解决问题的关键所在。

我找到了理论根据，掌握了"合理性"。这个理论根据就是：当流体在管道内从高向低流动时，尽管中间有一段高出液体平面的管路，但是一旦液体开始流动，就会不停地向低处流动，这一现象就是虹吸现象。当然只有这一点还是不够的，当用管子吸取大瓶酱油时，必须想办法把酱油吸到逆"U"字形的管子的最高处，再使之向另一端的低处流，才能形成虹吸，才能使酱油自动地流入小瓶。向低处流的"下坡"是不成问题的，困难的是怎样才能把酱油吸到管子的顶点，也就是"爬坡"的问题。当然也可以像一般人所想象的那样，用嘴吸管子一端，把酱油吸过顶点后再迅速地将管口插入小瓶。但是用嘴吸的时候轻重很难控制，很容易把酱油吸到嘴里或洒到外面。

"难道没有好的办法吗？"有一天我正在为这事冥思苦想的时候，突然目光落在桌子上自来水笔的墨水吸取管上，我脑子里一亮，来了灵感。我上中学的时候，使用的自来水笔与现在的不一样。向自来水笔里灌墨水的方法是，用一个带橡皮球的玻璃吸管从墨水瓶吸取墨水后，再注入自来水笔内。

这种自来水笔现在几乎已经见不到了，年轻的读者可能都不知道。在这里我想简单地介绍一下这种墨水吸取管。吸取管由一支一端细一端粗的玻璃管和一个连在粗端的空心橡皮球构成，这是那时使用自来水笔必不可缺少的文房之宝。将不带橡皮球的玻璃管细端插入墨水瓶，用手将橡皮球捏扁，松开手，墨水就会被吸入玻璃管中。再将细端插入自来水笔的上端，捏扁橡皮球，墨水就会注入笔内。

这个墨水吸取管触发了我的灵感，找到了解决问题的方法。"不用嘴吸管子口，也能把液体吸上来！"于是我把吸取管的橡皮球取下来，再将一根喝汽水用的塑料管弯成"U"字形，在中间开了一个洞，把橡皮球用胶水固定在吸管的洞口上。

但是单这样做并没有成功，没有把液体吸上来。经过试验和思考，我明白了在吸管上必须有两个单方向通行的活瓣。最后经过多次的改造、试验，克服了许多困难，终于成功地使吸上来的液体不再倒流回去，能顺利地连续流动了。

⚷ "瓜果书"的起源

"瓜果书"最早起源于日本。日本最早致力于农业高新技术产业化的研发推广，"瓜果书"的设计和制作发轫于无土栽培技术的勃发。在日本农产省和日本有机农业研究会的共同推进下，"瓜果书"应运而生。"瓜果书"，通俗讲来，就是一种"书本里能长出花花草草、瓜瓜果果的有机书"。

这个美丽的童话有着坚实的科学基础和依据。"瓜果书"，本质上是结合了工业设计的先进理念和园艺栽培的成熟技术，从而打造出的极具创新意识的工业产品。"瓜果书"里边含有膨化剂、高效营养介质以及迷你种子。在日本，各地商场和书店均有"瓜果书"出售，诸如"番茄书""黄瓜书""茄子书"等应有尽有。这些外貌似书本的产品表面包装有防水纸，其内塞有石绒、人造肥和种子等。人们购回后按照其内附赠的种植说明，只要每天浇水，便能长出手指粗细的黄瓜、弹丸似的番茄、拳头大的茄子等。一般情况下，一本"番茄书"经培育可长出150~200个迷你果，一本"黄瓜书"可结出50~70条袖珍瓜。这种时尚新颖的创意产品一度在日本成为最畅销的工艺创意产品。

"瓜果书"在欧洲、美国的发展日渐成熟。以美国为例，美国的"瓜果书"更加注重于无土栽培技术在"瓜果书"中的地位，同时将书的外观设计加以多样化。这种"瓜果书"在美国的发展突出技术优势，具有产品外观设计多样化的显著特征。美国和欧洲的这种创意设计理念逐步走向了书本的奇迹，科学家们正致力于改造书的内在结构，正致力于书本材料的有机化。

现在的瓜果书，从全世界范围观察，还处于书本与有机介质的结合阶段。有机介质借助于书本外观的创意设计，从而实现了有机介质和种子的生长发芽，开花结果。

麦当劳公司的"老题目"

麦当劳是闻名全球的快餐大王。麦当劳餐厅遍布在全世界六大洲百余个国家，在世界上大约拥有3.4万多家分店（2011年数据）。它的法式炸薯条采取计算机控制，制作时间不超过七分钟。不满十分钟就能烘制好汉堡包，每天售出汉堡包近两亿个；所制出的冻肉馅饼规格、大小、重量都相同。食物送至顾客手中只需60秒。麦当劳的年销售额已突破240美元（2011年数据），股票市价一直处于稳定增长之中。

麦当劳公司所拥有的另一项无形宝贵财富是：美国一公司调查世界消费者所得出的世界十大名牌中，麦当劳名列第八，成为美国企业的典范。麦当劳公司

的创始人雷·克洛克作为一个新企业的开创者被人们永远记忆。他在食品服务业
这一"老题目"上作出的新贡献，足可与洛克菲勒在石油提炼业、卡耐基在钢铁
业、福特在汽车装配流水线的功绩相媲美。

1954年，当麦当劳汽车餐厅在加利福尼亚州圣贝纳迪诺市开张营业时，克洛
克便一眼看出了麦当劳公司正在填补食品服务业的一个巨大空白。他在这一行业
干了25年，比任何专家更清楚方便食品巨大的潜在市场。他意识到，正可借此机
会大力开拓麦当劳公司已占领的快餐市场。

麦当劳公司是由莫里斯·麦当劳和莫查德·麦当劳兄弟俩于1928年建立的。
他们发展了流水线生产汉堡包搭售法式土豆煎片的经营方式，率先采取标准化牛
肉小馅饼、标准化配菜系列，并用红外线灯光照射保持土豆片的清脆爽口。餐馆
前上方竖有一面大型双拱招牌。食品价格相当便宜，生意好得出奇，年营业额高
达25万美元。当时除了加州外，另有六家分店。

但麦当劳兄弟却十分保守，不愿进一步发展，克洛克随即前往与麦当劳兄弟
谈判，购买了出售麦当劳店名的特许权，并负责向其他特许经营者出售全套服务
标准和项目。六年后即1960年，克洛克出资270万美元，全部买下了麦当劳兄弟的
资产和经营权，以"麦当劳"为名开创了一番新天地。

克洛克首先大刀阔斧地着手改革麦当劳的联营分销体系。向对公司发展有重
大影响的四种人发动了宣传攻势：未来的供货者、年轻有为的经理、公司第一批
贷款者和联营者。他孜孜不倦的描述和开诚布公的态度终于打动了这些合作者，
从而使他的计划得以迅速推广。克洛克的联营思想确实别具一格，与众不同，
不但为自己，而且为别人着想，想方设法使联营者取得成功。克洛克认为敲诈一
下，发一笔财并非长久之计，相反必须为联营者提供服务，与之建立相互信任的
关系。一旦联营者失败，他自己也无法得到成功。所以，他总是鼓励联营者发表
新设想，以有利于改进麦当劳的餐馆分销体系，并以惊人的坦率与联营者以诚相
见。在克洛克的努力之下，麦当劳公司赢得了一大批具有开拓精神的联营者，而

这批联营者的创造性的工作为推动麦当劳公司的发展和树立良好的公众形象起了巨大的作用。

麦当劳公司在营销上，成功地塑造了"麦当劳叔叔"的生动形象。这个麦当劳叔叔原是德国的一家分店发明的，由于形象可爱，容易给顾客尤其是少年儿童欢乐的感觉，于是麦当劳在世界各地快餐分店都推广了令孩子们喜爱的麦当劳叔叔，并经常出现在电视广告上演出逗人的节目。

麦当劳每年的广告费多达三亿多美元，占全年销售额的4%。麦当劳叔叔成为世界各国少年儿童的亲密伙伴，不仅仅是因为他形象可爱，麦当劳还为这些小"上帝"动了不少脑筋，开创了另一番新世界。为了吸引孩子，各分店都专门设有儿童游乐园，供孩子们边吃边玩，并重金聘请著名小丑表演滑稽逗乐的节目，拍成录像播放，常使孩子们笑得前仰后合，非常开心。因此，每到星期六、星期日孩子们总要吵着让父母带他们到麦当劳快餐店去。在快餐店，孩子们可以在儿童乐园里游玩，父母既可以隔着大型玻璃窗注视孩子们的安全，又可以不受孩子们的干扰静心用餐。

通用汽车公司的新战略

美国通用汽车公司（GM）是一家誉满全球的大型跨国公司。它不仅以其众多产品和世界上排名名列前茅而名扬全球，还以其总裁弗雷德·斯隆的管理体制改革而著称管理界。然而，到了20世纪80年代，即使是像通用汽车公司这样杰出的大公司也不得不面临着严峻的挑战。

在20世纪70年代，日本制造商丰田、日产、本田等公司利用石油危机，把大量优质、低耗的小型汽车攻入美国市场，日美"汽车战"进入白热化状态。1980年，日本人再次利用世界石油价格的第二次暴涨、汽油供应紧张的机会，发动了强大的攻势，日本汽车总产量首次超过美国。在美国市场上，销售的汽车有1/4以上是日本制造的。当罗杰·史密斯1981年1月出任美国通用汽车公司总裁，主管这个遍布世界39个国家和地区、雇员有75万人、年销售额达840亿美元的庞大企业时，这家世界首屈一指的汽车制造企业已亏损7.6亿美元。这是通用汽车公司60年来出现的第一次亏损，美国朝野为此震惊。

从表面上看，造成这次灾难的祸首是日本汽车制造商，但是潜在的核心问题却是公司的管理体制问题。早在20世纪20年代，弗雷德·斯隆以分散经营、协调控制为原则，用一套严格的管理制度将通用汽车公司由若干汽车公司兼并而成的"杂牌公司"改造成一个庞大的、管理有序的企业。五个生产部门对于汽车的设计、制造、销售等业务活动各司其职，总部进行协调以及资源分配、预算控制等。改革在当时取得了非凡的成功，对通用汽车公司发展成为世界最大的汽车制造商起着不可估量的作用。久而久之，通用汽车公司的管理模式被奉为"经典"，公司内泛滥着一种自满的情绪，无论是公司高级管理人员还是普通职员都认为"他们的公司是美国工业界最好的公司"，企业的创意被扼杀，日益陷于僵化的境地。从20世纪50年代开始，公司的管理结构屡经调整，但基本原则和模式却没有突破。而且总部的权力越来越大，业务部门日益沦为总部的工具，对外部世界的变化麻木不仁，视而不见。特别是到了20世纪70年代，公司在遭到外力的强大冲击下，其最高领导层仍是讳疾忌医，否认进行大规模内部改革的必要性。

新任董事长兼总裁罗杰·史密斯，出生于美国汽车工业的故乡密执安。16岁时他曾当过汽车装配工，1949年获密歇根大学工商管理硕士学位。随即进入通用汽车公司任海外业务会计，他凭着自己锲而不舍的干劲和忠实于公司的献身精神，沿着等级阶段逐步攀登。值得一提的是，史密斯在20世纪60年代曾参与斯隆的智囊团，从而使他对公司上层机构的内幕和斯隆的组织管理系统的实质有了一定了解。罗杰·史密斯虽受命于危难之际，却可以借此一展宏愿。

1981年5月，形势出现了新的转机。迫于美国政府的压力，日本政府和汽车制造商同意：至少在1984年以前，压缩对美国市场的出口，并保证如果双方认为有必要给美国汽车商更多的时间来赶上日本的出口水平，日方将继续增加一年的出口限制。尽管有了政府限制进口的措施，但是史密斯明白，他只有3~4年的时间来实施新的战略。错过这个时机，日本汽车公司将恢复对美国市场的出口攻势，像通用公司这样的汽车制造商就再也没有机会迎头赶上了。为此，必须加快企业的变革。罗杰·史密斯的新战略措施大致可以分为两个阶段。

1.新战略措施主要是围绕着摆脱公司所处的危机而展开的

罗杰·史密斯接任之初所面临的棘手问题是：如何平衡公司的财务，削减30亿费用预算，并尽快提供一系列全型号的小汽车来与日本公司抗衡。为此，史密斯顶着可能招致社会普遍不满和激烈批评的压力，在公司进行了大范围的裁员。当然，这只是必要的临时性急救措施，不能从根本上解决问题。

鉴于当时公司中新投产的J型车情况恶化，史密斯计划上马公司花费了百万美元新研制的S型车。但是，重估生产S型车所需代价的结论是：日本厂商可以用比通用汽车公司少2000美元的成本生产一辆S型车。面对日本公司的绝对成本优势，公司只得停止这个项目。这使史密斯清醒认识到：目前通用汽车公司再也没有力量通过投资来摆脱困境。

史密斯决定打破常规，从日本引进小汽车，因为那里的汽车最便宜。1981年8月，通用汽车公司购买日本铃木厂家5%的股份，交换条件是：铃木公司将在出口限制解除以后，每年卖给通用汽车公司八万辆超小型车，然后，通用汽车公司将这些车重新以斯普林特命名销售出去。与此同时，通用汽车公司与另一家已拥有34%股份的日本五十铃的厂商进行谈判，五十铃同意每年向通用汽车公司提供20万辆汽车。

这些仅仅是史密斯对日战略的序曲。尽管有了从铃木和五十铃进口小汽车的合同，但是就每年需要100万辆小汽车的通用公司而言，充其量也只能满足其经销系统的一小部分。而且，由于有了进口限制，日本汽车制造商都急于通过自己的经销商来销售出口汽车，通用汽车公司已不可能再从日本得到更多的汽车，况且也无力使S型车重新上马。那么，联营生产就成了填补公司小汽车生产线空白的唯一可行的方案。

史密斯采用美国企业界通常的策略，"如果你不能战胜他们，你就加入到他们中去"，决定与日本丰田汽车公司合作来达到目的。1982年3月，史密斯得以与丰田英二会面，谈判持续数月，终于在1983年2月达成在加州弗里蒙创办联营企业的协议，破例允许在联营企业中应用日本的管理技术和规章制度，并得到联邦贸易委员会的许可。

丰田汽车公司参加联营是想既在美国销售更多的汽车，又不用减少从日本本土的出口。而且为了减少风险，丰田很希望既能在美国生产汽车，又不用单干。

通用汽车参加联营似乎是违背了通用击败日本人的原则，但是史密斯却另有想法：联营可以使通用汽车公司节省投资，在较短的时间内得到新型号的小汽车货源，以解公司的燃眉之急，给史密斯留出充裕的时间制订直接与日本人竞争的战略。"要击败他们，通用公司必须先与他们联合"。然而，更深的意义在于：通用汽车公司通过这次联营，可以使他们有机会深入研究对手，获得其技术和管理的第一手资料。

2. 新战略措施主要是围绕着改造公司的机制而展开的

与丰田汽车公司创办联营企业是通用汽车公司的重大突破。然而，罗杰·史密斯关心的不仅仅是改变通用汽车公司的生产方式，而是根本变革公司的管理方式。

1983年4月，在宣布与丰田协议的六个星期之后，史密斯召开了公司年度管理会议。他向参加会议的900多名经理作了口头演说，要求经理们重新确定通用汽车公司的使命，并诉诸文字，形成一份蓝图，作为公司未来决策的参考。史密斯还暗示了他想在使命书中看到的东西——"3R"，即冒险（Risk）、责任（Responsibility）、回报（Reward）。他当即责成组织一个由各部门和会议选派的代表构成的委员会负责。委员会制订了新的公司使命书，重新定义了公司的使命"质量第一，赢利第二"，推翻了原公司创业者弗雷德·斯隆提出的、并且已成为公司任务书上一条不可改变的原则："我们不是造车，而是造钱"。史密斯这一深思熟虑的行动，在公司里引起了极大的反响，围绕着新使命展开了一场热烈的反思与争论。史密斯在引导人们抛弃旧观念的同时，向大家展示了他要把正在作出的决策以及这些决策的相应责任进一步下放到组织机构中去，让更多的人参与进来。

以后几个月，公司工程局的负责人向史密斯递交了一份大胆的计划——"土星计划"。这项计划起初仅仅是为了发展"未来汽车"而构想的。按惯例，新车要先由技术部门设计，然后交付生产部门进行生产。这样往往要投入巨额资金，花费4~5年甚至更长的时间。

公司的工程师们希望通过"土星计划"将设计与生产结合起来，以便采用新技术，用较低的成本生产出新型车，并预计在20世纪80年代中期以6000美元左右的价格出售，与日本公司争夺市场。这项计划是根据美国20世纪50年代的太空计划而得名的，该太空计划旨在赶上苏联的人造地球卫星在太空竞赛中所处的领先地位。

通用汽车公司的"土星计划"则旨在赶超日本人。史密斯知道，通用汽车公司不可能指望永远靠日本来填补其小汽车生产线，而且通用汽车公司也不可能以循序渐进的方式赶上去。这个世界上最大的汽车厂家需要一次巨大的飞跃、一次领先于日本的技术飞跃，才能重新占领美国市场。史密斯全力支持"土星计划"。

史密斯更高的设想是企图把"土星"变成一个全新的汽车公司雏形，开创一套新的管理方式、生产方式、设计及市场技术，从而在20世纪90年代把通用汽车公司变成一个更具竞争力的汽车生产厂家，比日本汽车商，包括其新搭档丰田在内的公司更具优势。用史密斯的话说："'土星计划'的重要意义在于日后我们要通过它来与布克、奥德斯、本狄克、雪佛莱、凯迪拉克的时代告别。"

为了做到这一点，史密斯想创建一个全新的公司来设计制造土星车，并通过新的销售网络来出售。于是，土星车将由一家通过计算机而不是红头文件管理的公司来生产。这样就可以使顾客在订购土星车时，把他们的要求输入土星销售网络的计算机内。订单可以同时送到各工厂及供应商处，供应商随即设法准时把所需的零件送到装配线上，这一不需任何官样文章的系统意味着顾客可以几天或几星期而不是往常的几个月就能取货，甚至现定做也不例外，这使得通用公司及供应商省去了预先准备大量存货所需的成本。顾客买到的车完全是自己选择的，而不是从经销商手里得到的存货。这样做的目的在于使通用更接近顾客，而不是把经销商当成真正的主顾，这一转变是通用汽车公司经营思想的根本转变。

史密斯决意从通用汽车公司销售网络中严格挑选出最优秀的经销商组成独立的土星销售网络。这些经销商必须具有高质量顾客服务记录、有足够的经济实力且愿意向新的计算机技术投资。史密斯1983年11月宣布土星计划时，没有给新型车的引进规定明确的年限，所以土星汽车又称为"无年限汽车"。这是为了使土星车的开发者能白手起家，从头做起，不受任何现存体制的束缚，不至于受到压力而采用公司原有的模式。当然，代价是巨大的，据估计，在第一辆车开出工厂之前就得支付50亿美元，但是，计划一旦成功，其影响是不可估量的。它将成为通用汽车公司其他部门在设计、制造和销售等方面彻底变革的前兆。不久，土星汽车公司便成立了，公司的管理和财政实行完全独立，有权发行股票和债券。史密斯这样做是因为他清醒意识到：土星汽车公司将是进行试验新的管理、销售方法以及一切与汽车业务有关的有价值的新设想的基地。

重振通用汽车公司雄风，仅靠土星计划是不行的，土星计划需要时间。在土星计划揭幕两个月后，罗杰·史密斯宣布对整个公司进行大规模的改组。这是经过对公司一系列严密考察得出的最终决策，旨在使公司更富于开创性、更能适应市场变化。

史密斯认识到，通用汽车公司现在不像弗雷德·斯隆时代那样，可以作为现代化大企业的样板了，它已日益集权化，几乎每一项决策都是由最高领导层作出的，然后再经过庞大的官僚阶层渗透到基层经理那里。公司领导部门实际上已演变成一条由白领职员组成的流水作业线。

1982年秋天，史密斯请麦金锡咨询公司来全面考察通用汽车公司自20世纪50年代以来几乎一成不变的管理体制。麦金锡咨询公司的专家会见了公司各阶层的520多名经理，又同公司计划人员共同工作了18个月，从而提出了报告。

报告的结论是通用汽车公司的最大问题在于它变得不愿意冒险、太官僚化、太集中化。麦金锡提出改组公司机构的设想，把公司的五个汽车分部和加拿大子公司合并成两个集团，一个经营小型车，另一个经营大型车，这样可以把汽车从设计开始的所有程序统一起来，减少白领阶层以及重复操作，使每一集团的高级管理者能全面而周密地控制从零件采购到市场战略的每一重要环节，实行权力下放。但是，史密斯的改组很快遇到了来自公司管理阶层内部的阻力。

对于公司上千名经理和工程师来说，这些变动会产生显而易见的利益损害，许多经理害怕这次变动将使他们失去权力或职位。史密斯开始陆续与公司白领阶层职员面谈，说明改组是为了使所有人能更密切地互相配合工作，而不是制造新的隔阂。最终，他制止了公司改组过程中所生产的混乱，使改组得以顺利进行。通用汽车公司的组织机构改组，扩大了各级经理的决策权，减少了管理层次，保证了全体员工"参与管理"，使企业更具有活力。

随着通用汽车公司经营结构的调整，多种经营也成为对抗市场风险的一个很重要的战略措施。然而，罗杰·史密斯认为，这一系列新的经营项目应该与公司的核心项目直接相关，这就是：生产汽车并把它们推销给顾客。在机器人、人工智能以及国际卫星信息系统方面的投资，旨在帮助通用汽车公司生产出更好、更便宜的汽车。

同时，史密斯努力寻求增进公司与顾客联系的新途径，使通用不仅仅是个生产厂家。当然，公司与经销商的关系是一个方面，而史密斯却更着重于另一方面：公司贷款——向顾客提供相应的金融服务。通用汽车公司主管财政的分公司——通用汽车公司期票承兑行（GMAC）已是全国最大的信贷公司，每年通过向通用的顾客贷款可获十亿美元的利润。但是，由于通用汽车公司的非汽车业务发展很快，非汽车项目贷款显得越加必要。史密斯一直设法寻求一家有关的公司来扩大GMAC的经营业务。1985年，通用购进了承办抵押贷款业务的诺文斯特公司。将GMAC的借贷业务延伸到其他金融服务业，为通用汽车公司的发展提供必要的金融支持。

1980年以来，在日本汽车公司的凌厉攻势下，通用汽车公司最终还是在美国市场守住了阵地，保持了相当的市场份额，这是与罗杰·史密斯刻意改革创意分不开的。罗杰·史密斯不仅仅重新设计了通用的汽车，而且重新设计了整个通用汽车公司。正如美国管理学权威德鲁克所指出的："任何企业都不乏真知灼见的人，但是有很少企业能使这种创意的见解得到发挥。"

首席推销员的"自白"

在日本，有一个人从56岁开始才进入推销领域，在短短的几年内逐渐从外行变为内行，直至以他所创造的不凡的业绩，迅速跃升到"世界首席推销员"的宝座，这不能不说是一个奇迹。这位"世界首席推销员"名叫齐腾，1919年毕业于庆兴大学经济学系，同年就职于三井物产公司，曾任三井总公司参事，1950年退休，当时他56岁。

由于参加竞选议员，齐腾欠了一笔重债。1950年夏天，56岁的齐腾到当时的朝日生命保险公司去拜访他在庆兴大学时的同学行方先生。行方是朝日生命保险公司的总经理。齐腾此行的目的是为筹备一家贸易公司而向他借钱。行方在得知齐腾的来意后，以客气的语言、委婉的方式对他进行了一番解释和分析，意思是：不但不能借钱，而且还劝说他改变初衷，加盟生命保险推销行业。结果，齐腾别无选择，勇敢地干起了生命保险推销这一行当。

齐腾刚做推销员不久，他准备向五十铃汽车公司开展企业保险推销。企业保险是公司为其职工缴纳预备退休金及意外事故等的保险。可是，听说那家公司一直以不缴纳企业保险为原则，以致在当时不论哪家保险公司的推销员发动攻势都不能奏效。齐腾决定集中攻击一个目标，于是，他选择了总务部长作为对象进行拜访。

谁知，总务部长不愿与他会面。他去了好几次，对方都以抽不开身为由推托，根本不露面。齐腾毫不气馁，每天都登门造访。两个多月后，对方终于被齐腾的精神所感动，同意接见他。走进接待室后，齐腾竭力向总务部长说明加入生命保险的好处，紧接着拿出早已准备好的资料销售方案满腔热情地进行说明，总务部长刚听了一半就打断他的话说："这种方案，不行！不行！"然后站起身就走了。齐腾回家后对这一方案进行了反复推敲，认真修改。第三天上午他又去拜见总务部长。对方再次以冰冷的语调说："这样的方案，无论你制定多少，带来也没用，因为本公司有不缴纳保险的原则。"

在遭到多次失败后，齐腾非常冷静，他在回忆中说："我一时惊呆了。怎么说出如此轻侮人的话呢？昨天他说那个方案不行，我熬了一夜重新制订方案，却又说什么无论拿出多少方案也白搭……我几乎被这莫大的侮辱整垮了。但忽然间，我的脑海里闪出一个念头，那就是'等着瞧吧，看我如何成为日本首席推销员'的意志以及'我是代表公司来推销'的自豪感。现在与我谈话的对手，虽然是总务部长，但实际上这位总务部长也代表着这家公司。因此，实际上我的谈判对手是其公司整体。同样，我也是代表朝日公司的经理到这儿来搞推销的。我不由得这样想着，而且坚信：自己要推销的生命保险，肯定对这家公司有益无害。于是，我的心情渐渐平静下来，说声'那么，再见'就告辞了。"从此，齐腾开始了长期、艰苦的推销访问，前后大约跑了300趟，持续了两年之久。从齐腾的家到五十铃汽车公司来回一趟要六个小时。一天又一天，他抱着厚厚的资料，怀着"今天肯定会成功"的信念，不停地奔跑。他把每次的失败都当成接近目标的台阶。就这样过了三年，终于成功地完成了盼望已久的销售。

齐腾先生就是这样，虽然屡屡受挫、失败，但每次都知难而上，专啃硬骨头。五年的努力使他终于戴上了朝日生命保险公司"首席推销员"的花环。

齐腾并不满足于已取得的成绩，他情愿再去遭受更多的失败，这样对他的毅力将有更大的促进。他在心里发誓：现在已经成为朝日公司第一，还要继续努力争当全日本第一。在日本共计有20家生命保险公司，大约有85万名推销员。要在这些人当中成为人杰，已成为齐腾的奋斗目标，为此他更加努力地拼命工作。

1959年7月，齐腾全力以赴，第一次实现了1.4亿元的销售额。其后，11月又是生命保险关键月，在这个月里，他又创造了2.8亿元的新纪录。就在这一年，他终于登上了日本第一推销员的宝座。成为日本第一以后，齐腾雄风继起，越干越有劲。他又为自己制订了更高的目标——登上民办首席推销员的金交椅，要在生命保险事业的各个方面都取得世界第一的优秀成绩。

齐腾先生怀着必胜的信念，又开始了向世界最高峰的攀登。他深知，世界上比他有能力的优秀推销员有的是，要与这些人竞争，要拔头筹，不仅要有崇高的理想和钢铁般的意志，而且必须作拼命的打算。天道酬勤，经过竭尽全力的顽强拼搏，1965年，他完成了4988份合同的签订任务。即使是在生命保险事业最发达的美国也从未有人能够达到这一数字，他终于成了世界首席推销员。这一年，他71岁。

🔑 小小的妙计，成就了一个人

··

　　莫斯科浓郁的俄罗斯情调是令人向往的，但漫长而寒冷的冬季总是让游人们裹足不前。每到冬季前往莫斯科度周末的人很少，汤姆森假日旅游项目经办人决定打破莫斯科的坚冰。他带了一批报界人士去莫斯科度了个示范性的周末，赢得了各大刊物连篇累牍的报道。以此为契机，他们在隆冬季节成功地发起了去莫斯科度一个开销不大的周末旅游项目。

　　负责汤姆森假日旅游项目的只有三个人，为首的是道格拉斯·古德曼。十年来他坚持不懈地运用公共关系战术，为公司成长为该行业首屈一指的大企业作出了卓越的贡献。经营旅游业成功的关键在于不断推出新的度假活动，对市场开发部门而言这就意味着今年的活动还在进行，下一年的详细工作计划就要准备妥当。

　　1983年，他们推出的夏季旅游项目有："夏日阳光""湖光山色""亲密友好""马车""别墅和公寓"等。为了让尽可能多的人了解这些项目，公司决定在9月1日发放500万份关于五种不同度假活动的便览。三个月前，他们进行了周密的筹划和准备，安排好了各项活动的日期，包括：耗资100万英镑的广告活动，在伯明翰召开三天的推销大会，全体工作人员的集中培训，察看16个城市的游览路线，印刷和散发《旅游便览》，等等。

　　整个8月份的公关工作包括：选择十个召开记者招待会的场所并预订宴席，准备邀请名单，检查发函清单，决定新闻和特写文章的要点，准备记者招待会用的稿件和十种不同的幻灯片，选写全国性和地方性的新闻稿，收集关于新旅游项目的材料，适当安排外语新闻稿，办理录像，彩排节目，用一辆大车和一队客车沿途察看16个城市的风光，为5000家旅游代理商提供详细的录像介绍。

公共关系部在推出旅游活动几周后，就会随车队去赢得当地公众的支持。大多数度假者都很清楚自己出国休假的时间。工厂的休假日是早已排定的，去哪儿度假也是早作打算的。因此经营旅游业务，尽早销售是非常重要的。越是在竞争对手推出他们的活动之前尽早落实你的活动越有利。汤姆森公司就习惯于抢先发售《旅游便览》。比如1981年9月，他们销售《旅游便览》刚一周，就订出了六万张票，一些代理处甚至排上了队。

当然，率先推出也有其弊，别的公司可以根据场姆森的定价制订出竞争性价格，利用便宜的价格来抢夺顾客。对于这一问题，汤姆森公司暗藏了一条锦囊妙计。

9月1日该开始发行1983年的夏季《旅游便览》。第二天，五家全国性的报纸、BBC广播电台、省级报纸和电台以及旅游出版物，都大张旗鼓地为汤姆森公司进行宣传，博得了度假者的注意。9月下旬，其他旅游公司开始推出他们的便览时，汤姆森公司的旅游价格已经出台了，比竞争对手的价格低得出乎人们的意料。公司的应变计划生效了。

收取附加费可能会使消费者稍有不快，但多年来在包价旅游中已被人们接受。英镑疲软引起的海外项目的成本上升，迫使旅游公司以最高10%的附加费让旅客承担。为了加强竞争力，10月份时，一家主要的旅游公司在推出旅游项目时保证"不收附加费"。汤姆森公司在几小时内立即作出反应，也承诺不收附加费。

到了11月份，旅游业开始不安起来。9月、10月、11月通常是订票稳定的时期，但当年形势不妙，营业额仅达到了上年同期的70%。公司把希望寄托在圣诞节后的几周，往年这是订票的高峰时节，大约有半数的旅游预售票在此期间卖出。但秋季售票的不良成绩颇让旅游业吃不准圣诞后的售票是否能逃脱经济衰退的影响。媒体在鼓励人们沉住气，等待最后的讨价还价。为了保证最后的成功，汤姆森公司决定主动采取行动，鼓励人们订票，重新争取价格的主动权。

汤姆森公司的主要应变计划是：在必要的情况下，重新印刷和发售《旅游便览》，提供更低的价格。这将使公司的假日旅游价格变得非常有竞争力，会让其他旅游公司措手不及。

在严格保密的情况下，设在意大利的印刷公司重印了320页的彩色便览，至少有50个假日旅游项目减价10~50英镑，几乎在便览的每一页上都有新的标价，封面也予以重印，添上了"不收附加费"的保证和减价的声明。便览悄悄地运到伦敦的仓库，只有几个关键的职员了解情况。他们小心翼翼地守护着这个秘密，不让竞争对手有丝毫察觉。

让人们了解重新推出旅游项目的时机终于到了。他们计划在12月6日一鸣惊人，以全面覆盖式的新闻报道形式连续报道三天，然后才刊出广告。道格拉斯·古德曼在沙伏伊私下订了套间，以备12月6日的记者招待会之用。舰队街的主要选稿人在上个周五都接到了参加本周末上午8点30分香槟早餐的邀请。旅游出版物的编辑们也应邀参加类似的活动。沙伏伊的招待会开得极其成功，受邀请的人无一缺席。

为了确保第二天全国性和地方性报刊上的报道，他们必须保证当晚的晚报、电台和电视的新闻节目刊登这一消息。为此，对投递稿件、打电话、发送新闻的时间顺序制订了严密的计划，以确保新闻界在视听上给人们造成最大限度的冲击。

公司的新任董事长约翰·麦克奈尔决定接受所有电台和电视台的采访。伦敦广播公司抢先播出了对麦克奈尔的采访。接着是IRN报业辛迪加的报道和地方电台对当地汤姆森公司发言人的采访。在隆重推出的时刻，国际电视网作了长篇新闻报道。至此，事情的发展的确是有声有色了！BBC电视台光临总部办公室，拍摄了供晚上9点新闻播放的采访。全国性的报纸想要更多的评论，不同的报纸需要不同角度的评论。《标准晚报》用通栏标题宣布了这次项目的隆重推出。

令公关部难以忘怀的是12月7日。这天，汤姆森公司取得了前所未有的报纸覆盖率。每家全国性的报纸都刊登了消息，有些甚至还刊登在头版。报道的质量更是令人惊喜，9家全国性报纸提到汤姆森公司72次，若干种省级报纸在头版头条给予了报道。报纸和电台的报道持续了整整一周。

《星期日时报》居然用了一整版来介绍这次旅游项目的重新推出。电台、电视台在全国假日节目中也发布了消息。竞争对手面对汤姆森公司这手铺天盖地的"杀招"，毫无反击之力。一家主要的旅游公司在圣诞节前没有相应降价，电台采访了该公司的发言人，开门见山地就问他们是否被汤姆森公司这着棋弄得狼狈不堪。

报刊上连篇累牍的报道使汤姆森公司的名声大振，结果大大削减了在全国性报纸上的广告。在12月11日，也就是重新推出《旅游便览》的那一周的周末，公关人员作了专门的调查，测试公司的知名度，发现人们首先想到的就是汤姆森的假日旅游，有强烈的参加该公司假日旅游的意向。旅游刊物用大量篇幅介绍这次项目的重新推出，旅游代理人热烈欢迎并予以很高的评价。1月份创造了新的订票纪录，到1月底，旅游业务急剧回升。汤姆森公司成功地推动了旅游活动，使1983年的夏季旅游呈现了良好前景。

🔑 "免扣带"的发明故事

人的认识发展总是从不熟悉到熟悉，对新事物的认识可以用旧事物做参照。要创造新事物或对新事物有个全面的认识，先培养善于发现事物的相似性的敏锐直觉。

1.相似性的直觉有利于联想思维的培养

马斯楚就是"免扣带"的发明人，这个发明纯属偶然。

1948年的一天，他和朋友兴致勃勃地去登山。登上顶峰后，他们随便坐在草地上吃午餐。这时，马斯楚突然觉得臀部又痛又痒。他知道这又是鬼针草的"恶作剧"。于是他坐不住了，不耐烦地把鬼针草一根一根地从裤子上摘下来，但摘不胜摘。回家后，他把残留在裤子上的鬼针草取下来，想弄清楚它为什么"粘"人，结果发现鬼针草的结构十分特殊，粘在裤子上拍不下来。马斯楚顿生一想："如果模仿它的结构，做一种纽扣或别针，那该多好！"

一念之间，一项新的发明创造诞生了。马斯楚制成了一种合上就不易分开的布，即一块布织成许多钩子，另一块布织成很多圆球，两者合起来，产生拉链的效果。他将其命名为"免扣带"，申请了专利，然后与一家织布公司合作生产。由于"免扣带"的使用范围很广，马斯楚足足赚了三亿多美元。

在生活中被鬼针草的"恶作剧"伤害的人，几乎天天都有，但能从中引出发明创造思想火花的人，马斯楚则是第一人。这是一种联想的感悟，是一种创造思维的魅力。

2.相似性的联想是发明创造的源泉

有个叫迈克的小牧童，他的工作就是每天把羊群赶到牧场，监视羊群不越过牧场的铁丝到相邻的菜园里吃菜。

有一次，迈克在牧场上不知不觉睡着了。不知过了多久，他被一阵怒骂声惊醒了。原来他的羊穿过牧场的铁丝围栏到了别人家的菜园，偷吃了别人的菜。小迈克吓得面如土色，不敢回话。

这件事发生后，机灵的小迈克就想，怎么才能使羊群不再越过铁丝栅栏呢？他发现，那片有玫瑰花的地方，并没有更牢固的栅栏，但羊群从不过去，因为羊怕玫瑰花的刺。"有了！"小迈克高兴地跳了起来，"如果在铁丝上加上一些刺，就可以挡住羊群了。"

于是，他先将铁丝剪成了五厘米左右的小段，然后把它接在栅栏上当刺。接好之后，他再放羊的时候，发现羊群起初也试图越过铁丝网去菜园，但每次都被刺疼，惊恐地缩了回来。被多次刺疼之后，羊群再也不敢越过栅栏了。

小迈克成功了。半年后，他申请了这项专利，并获得批准。后来，这种带刺的铁丝网风行全世界。

发明创造就是这么简单。也许你想不到，生活中有很多的事物都是我们发明创造的源泉，只要我们拥有善于发现的眼睛和联想的头脑，创意就会源源不断。

3. 寻找相似之处要先练就敏锐的观察力

凯利·文斯出生于巴黎的一个贫民家庭。13岁他便独自外出打工。由于年纪小，没有哪个工厂肯聘用他。流浪几年后，他找到一个贵族家庭，在他的苦苦哀求下，贵夫人让他在厨房里当了一名小杂工。他每天的工作就是杀鸡、杀鱼、拖地、扫厕所，几乎包揽了全部脏活累活。他一天至少要干12个小时，所得的工资连一只鸡都买不到，但他仍然感到非常满足。他总是省吃俭用地将辛苦赚来的钱攒起来，养活自己贫困的家。

就是这样紧巴巴的日子也不长久。一天半夜，凯利被一阵急促的敲门声惊醒。原来贵夫人第二天一早要去赴一个约会，要凯利立即将她的衣服熨一下。因为实在太困了，他不小心将煤油灯打翻，灯里的油滴在了贵夫人的衣服上。

凯利被吓坏了，他就是打一年工恐怕也买不来那件昂贵的衣服。贵夫人坚决要求凯利赔偿，给她白打一年的工！凯利沮丧极了，但当他答应给贵夫人白打一年工后，他也得到了那件衣服。

其实那件衣服只是弄脏了一点而已，如果将它送给母亲穿，她一定会很高兴。但他不敢将这件事告诉母亲，她会很伤心的。于是，凯利将那件衣服挂在自己的窗前以警示自己别再犯错。

一天，他突然发现那件衣服被煤油浸过的地方不但没脏，反而将原有的污渍消除了。经过反复试验，凯利又在煤油里加了一些其他的化学原料，终于研制出了干洗剂。

一年后，凯利离开了贵夫人家，自己开了一间干洗店。世界上第一家干洗店就这样诞生了。

凯利的生意一发而不可收，几年间他便成了让世界瞩目的干洗大王。如今，干洗店遍布世界的每一个角落，人们在享受他发明的干洗剂的同时，也记住了他的名字——凯利·文斯。

很多杰出的发明都是在不经意的发现中产生的。只要你善于留心观察，就有可能变废为宝，为自己带来财富。

🔑 李维公司的细节捕捉

做好市场调查，树立牢固的市场观念，按用户需要组织生产是李维公司成功的市场决策。

李维公司的创始人李维·施特劳斯是德国犹太人。他放弃了国内的职业，追随哥哥到美国做杂货商。19世纪40年代后期，美国加利福尼亚州发现了金矿而掀起了"淘金热"，这给李维·施特劳斯"点纱成金"创造了可贵的机遇。

一次，他乘船到旧金山开展业务，带了一些线团之类的小商品和一批帆布供淘金者搭帐篷。下船后他巧遇一个淘金的工人，李维·施特劳斯忙迎上去问："你要帆布搭帐篷吗？"那工人却回答说："我们这需要的不是帐篷，而是淘金时穿的耐磨、耐穿的帆布裤子。"李维深受启发，当即请裁缝给那位"淘金者"做了一条帆布裤子。这就是世界上第一条工装裤。如今，这种工装裤已经成了一种世界性服装Levis牛仔裤。

牛仔裤以其坚固、耐久、穿着合适获得了当时西部牛仔和淘金者的喜爱。大量的订货单纷至沓来。李维·施特劳斯于1853年成立了牛仔裤公司，以"淘金者"和牛仔为销售对象，大批量生产"淘金工装裤"。

为了改进质量，以优质产品应市，他找到了法国涅曼发明的经纱为蓝、纬纱为白的斜纹粗棉布，这种新式面料坚固耐磨、美观大方。李维·施特劳斯还采用内华达州一位叫雅各布·戴维斯的裁缝的建议，发明并取得了以钢钉加固裤袋缝口的专利。时至今日，Levis牛仔裤上的钢钉仍是结实和美观的象征。

李维公司已有140年的历史了。当今，李维牛仔裤已由最初的工装发展成为一种时尚服装，销售至世界各地。在李维公司的发展历程中，他们始终坚持搞好市场调查，树立牢固的市场观念，按用户需要组织生产的市场决策。根据市场调查和长期积累的经验，李维公司认为应该把青年人作为目标市场。为满足青年人的需要，李维公司坚持把耐穿、时髦、合体作为开发新产品的主攻方向，力争使自己的产品长期占领青年人的市场。后来，他们了解到许多美国妇女喜欢穿男牛仔裤。根据这种情况，李维公司经过深入调查，设计出适合妇女穿的牛仔裤、便装和裙子，此举使该公司的妇女服装销售情况良好，销售额增加了58%。

为了满足市场需要，李维公司十分重视对消费者心理的分析。1974年，为了拓展欧洲市场，研究市场变化的趋势，了解消费者的爱好，李维公司向德国顾客提出了"你们穿李维的牛仔裤是要价钱低、样式好还是合身"的问题。调查结果表明，多数人的首要要求是要"合身"。于是，公司派专人在德国各大学和工厂进行全身实验，结果，一种颜色的裤子，竟生产出了不同尺寸、不同规格的45种型号，大大拓展了销路。

李维公司还根据市场调查获得的各种有关用户的信息资料制订出五年计划和第二年年度计划。虽然市场竞争相当激烈，但由于李维公司积累了相当丰富的市场调查经验，所制订的生产和销售计划同市场实际销售量只差1%~3%，基本做到了产销统一。

李维公司的销售网遍及世界七十多个国家，他们对所属的生产和销售部门实行统一领导。他们认为产销是一个共同体，二者必须由一个上级来决定，工厂和市场之间要建立经常性的情报联系，使工厂的生产和市场的需求保持统一。为此，公司设立了进行市场调查的专门机构，在国内外进行市场调查，为公司的决策提供依据。

正确的市场决策带动了李维公司的大发展。公司在20世纪40年代末的销售额只有800万美元。1979年增加到了20亿美元，30年间增加了250倍。近20年来，李维公司已发展成为活跃于世界舞台的跨国企业，公司按地区分为欧洲分部、拉美分部、加拿大分部和亚太分部。各分部分管生产、销售、市场预测等事宜。李维公司拥有120家大型工厂，设存货中心和办事处以及三个分公司（美国李维牛仔裤公司、李维国际公司和BSE公司）。分公司有规模庞大、设备先进的生产厂42家，最大的一家年生产能力达到1600万条。

索尼公司的敢为人先

索尼公司是全世界著名的电子工业企业之一，该公司在全球120多个国家和地区建立了分（子）公司（工厂），数以亿计的索尼用户遍布世界各地。索尼的电子产品畅销世界，已发展成为庞大的跨国企业。所有这一切，都是索尼公司重视发展新技术、研制开发新产品的决策成果。

1946年仅靠500美元资金起家的"东京通信工业公司"是索尼公司的前身。由于资金困难，起初只是专门修理收音机，并以优质服务而赢得了顾客的信任，所以生意不错，公司有了一点儿积累。这时，公司的领导人井深大就开始组织技术人员研制开发新产品。他们研制出的第一种新产品是一种真空电压表，很快就以优异的质量打开了销路。随后，他们自行开发研制的电位器和广播控制装置也很快在市场上获得了成功。短时间内不断成功的新产品使生产规模不断扩大，积累了相当的资金。索尼公司并未因此满足，而是继续坚持重视科学技术、开发新产品，推动公司的发展。

1949年的一天，井深大在日本广播协会的办公室看到一部美国制造的磁带录音机。这在当时的日本不仅一般人未曾见过，就连技术人员也只有耳闻而已。索尼公司意识到，这种新产品在日本将有广阔的市场潜力。他们马上就购买了磁带录音机的生产专利。生产中最大的困难是制造录音磁带。技术先进的德国和美国早已先后成功地生产出录音磁带，而当时的日本不能生产，而且根据当时日本政府关于进口的严格规定还不能进口。

在这种情况下，索尼公司决定依靠自己的力量克服困难，解决制造磁带的问题。他们抓紧时间反复试验，终于成功地制造出了磁粉，随后又富有独创性地用纸代替塑料，制造"纸基录音磁带"。这种"纸基录音磁带"在强度上虽比塑料磁带差，但也完全符合使用要求。

经过一年的艰苦努力，索尼公司终于把自己制造的第一台磁带录音机，即索尼公司的第一个电子新产品推到了市场上。

但是，由于这台录音机体积大、价格高，重量达70余斤，所以在市场上几乎无人问津。显然，问题主要在于录音机的体积过大和价格昂贵。要在市场上打开销路必须解决上述问题。公司把精选的技术骨干集中起来攻关，经过十个月的努力，终于制造出了一种价格降低一半以上，一般人都可以提着走的轻便录音机。此举打开了市场，使录音机成为日本的一种普及商品，公司也获得了可观的利润。

1952年，美国人发明晶体管的消息传到索尼公司，立即引起了强烈的反响。他们清醒地认识到，这将是在电子工业领域引起一场革命的重大发明。为了立足于科技发展的前沿，索尼公司立即派人飞赴美国，对晶体管作详细深入的调查。根据调查所掌握的情况，索尼公司紧紧抓住这一时机，提出了运用晶体管技术设计制造小型袖珍收音机的宏伟设想。他们先以2.5万美元购买了制造晶体管技术的专利，但运用这个专利生产的晶体管只能用于低频大收音机，不能完全满足制造小型收音机的需要。

为此，索尼公司又集中力量攻关。仅几个月的时间，他们就设计制造出了符合要求的各种性能的晶体管。索尼公司乘胜前进，全力以赴投入到研制小型袖珍收音机的工作中。经过努力，他们完全解决了收音机中与晶体管配套的各种元器件的小型化，成功地研制出世界上第一个袖珍晶体管收音机，这比日本其他企业提前了两年。小巧玲珑的袖珍收音机人见人爱，第一批200万部一投入市场很快被抢购一空。

日本国内市场的畅销形势，鼓舞了索尼公司的士气，增强了他们开拓世界市场的信心。1960年，索尼公司独家投资在美国开设了分公司——美国索尼公司。随后，索尼公司又逐步打入世界其他国家的市场。

索尼公司重视发展科技、研制开发新产品的决策结出了累累硕果。袖珍晶体管和收音机研制开发成功后，他们又相继开发和改进了大量具有独创性的新产品。如：袖珍立体声耳机收录机、微型电视机、单枪单束彩色显像管、小型录像机等等。他们重视产品质量，在消费者心中建立了很高的信誉，在激烈的市场竞争中立于不败之地，使索尼公司发展成为年营业额及营业收入为71813亿日元（2010年数据，约合890亿美元）的巨大跨国公司。